古森義久が オバマ・習近平・朴槿恵・金正恩を斬る

反日勢力をのさばらせた朝日新聞と外務省の大罪

在米ジャーナリスト
古森義久 著

テーミス

日本は今こそ国難に対処せよ！

戦後最大の国家危機が迫っている

２０１５年は、第二次世界大戦の終結からちょうど70周年である。日本にとってあの惨禍の敗戦から70年目の時期なのだ。その長い70年という歳月、日本は平和と繁栄のなかで生きてきた。

だが、その日本がいまや戦後でも最大の国家危機に直面するようになった。

理由はごく簡単に述べれば、第一に中国がかつてない軍拡を続け、日本に対しその軍事力を背景に威嚇や圧力をかけるようになったという現状である。

第二には、戦後の長い歳月、日本の安全保障を支えてきた同盟国アメリカが力を弱め、その防衛を誓約する日本への支援がぐらついてきた実態である。

まず第一の理由について報告しよう。

中国の軍事力の大増強ぶりは、アメリカ側でも最大の警戒の対象としている。中国軍の増強でアメリカの東アジアでの抑止力が弱くなる。その結果、日本の防衛にも危険な影が広がる。

ワシントンの民主党系大手の研究機関「カーネギー国際平和財団」が中国の軍事能力の向上が日米同盟、とくに日本の防衛にどんな影響を与えるかを体系的に研究し、調査した。その結果として「2030年の中国の軍事力と日米同盟＝戦略相対評価」と題された長大な報告書が発表された。つまり中国の軍拡の結果、2030年の日米同盟、そして日本の防衛はどうなっていくのかという研究だった。

その背後には、中国の近年の大軍拡への米側の深刻な懸念があった。研究にあたったのは、アメリカの歴代政権で東アジア政策や安全保障政策の形成にかかわってきた元政府高官や軍人、学者、専門家など合計9人だった。

そしてその総括は「このままだと日米同盟は中国の軍拡に対して骨抜きになってしまう」という不吉な予測を打ち出したのである。2013年5月の公表だった。

そもそもこんな調査や報告がいまなぜ必要なのか。報告書は以下のように説明していた。

「いまの中国の軍拡が日米両国側に中国との紛争や競合に適切に対処し、勝利する能力への疑問を生むようになった。たとえば尖閣諸島問題のような領有権争いや資源獲得戦、台湾有事、北朝鮮危機などでの日米両国の中国への対処能力が揺らいできたのだ」

だから現状がどんな危機を生むのか。その危機を避けるためにはどうすべきなのか。こうした諸点を研究しなければならない、という趣旨だったのである。

そして同報告書は2030年の時点で予想される最も確率の高いシナリオとして以下を記述していた。

「中国が軍事力の強大さで日本との紛争や競合の案件を実際に軍事力を使うことなく、中国にとって有利に動かし、解決してしまう」

そこで当然、まず考えられるのは中国による尖閣諸島の奪取である。実際には戦争をせずに、軍事力の威力によって日本を後退させてしまう展望の確率が高いというのだ。

安倍首相の米議会演説で「前進」

第二のアメリカの日本防衛姿勢の弱化はやはりオバマ政権の特殊性に帰せられる。

オバマ大統領は上院議員時代から軍事嫌いとして有名だった。米軍の能力増強のための措置にはとにかく反対票を投じていた。選挙戦でもブッシュ前政権が始めたイラクやアフガニスタンでの対テロ闘争の意味が強い軍事介入も、オバマ氏はとにかく「撤退」を主張し続けた。そしてホワイトハウス入りしてからは実際にその撤退を実行した。オバマ大統領は対外的な軍事課題に関する限り、「撤退大統領」なのである。

オバマ大統領はさらに国防費の削減を史上稀にみる大胆さで強引に進めていった。このあたりの軍事削減は中国側の軍事増強とはまさにコントラストを描いていた。軍事よりも福祉をずっと重視し、財政赤字が増せば、国防費だけを大幅に、かつ強制的に減らすという措置さえも進めた。

オバマ政権の軍事忌避姿勢は中国に対しても向けられた。オバマ政権第一期目では中国の軍事がらみの膨張に対しても、とにかく「対話」を求めた。だから尖閣諸島についても日米安全保障条約の適用対象に入るというところまでは言明しても、「有事には米軍が必ず防衛する」という明言にまでは決して踏みこんでこないのである。

そもそもオバマ政権は、アメリカにとっての長年の味方であるエジプトのムバラク政権やイスラエルのネタニヤフ政権には冷淡だった。オバマ政権は、とくにムバラク政権に対してはその崩壊にまったく手をこまねいたままで、なんの応援もしないまま放置してしまった。だから日本も、尖閣諸島の問題で万が一にも中国に軍事攻撃を受けた場合、オバマ政権の自動的な軍事支援には決して頼ることはできないままきているのである。

しかしこうした逆境のなかでも、安倍晋三首相はかなりのがんばりをみせて、状況の改善を果たしたといえよう。

安倍首相の2015年4月29日のアメリカ議会上下両院合同会議での演説は、日米同盟の強化という点では大きな前進だった。

上下両院議員合計535人のうち大多数が出席し、起立しての大拍手スタンディング・オベイションの頻発を含めて熱い共鳴が表明された。上下両院議員の間で安倍演説に対して正面から批判を述べたのは、慰安婦問題での日本叩きで知られるマイク・ホンダ、韓国系住民多数を選挙区に抱えたエド・ロイス、みずからが中国系米人のジュディー・チュー各下院議員3人だけだった。

日米同盟の防衛のきずなの強化は、安倍首相の訪米直前にニューヨークで開かれた日米外務・防衛大臣の2+2会議で合意された「日米防衛協力のための指針」でも大幅に前進していた。日米防衛の新たな協力を決めたガイドラインだった。

日米防衛協力の新指針を踏まえての安倍首相のオバマ大統領との会談、そしてアメリカ議会での演説によって、同盟軽視の傾向もあったオバマ政権は、日本との共同防衛への誓いを一段と強めるにいたった。

日本の最大の敵は日本なのか?!

日本の国会を2015年春から夏にかけてにぎわした安全保障関連法案も、以上のような文脈で読む必要がある。これら法案の最大の核心である日本の集団的自衛権の行使容認というポイントも、アメリカとの同盟のより有効な機能発揮を狙う点にあるといえる。

しかし実際に始まった同法案の国会での審議は奇妙な点が目立った。

日本の最大の敵は日本なのか——日本の安全保障関連法案の国会質疑やその報道は、そんな疑問を感じさせたのである。

「暴走」

「思うがままに武力を」

「ナチスの手口」

同法案の中心部である集団的自衛権行使容認に反対する朝日新聞の記事の見出しには、以上のような表現が目立った。日本がみずから他国に戦争を仕掛けるためにこの措置を取る、という思わせが露《あらわ》だと感じさせられたのである。

この安全保障関連法案のそもそもの目的を「日本を戦争をする国にする」と断じる日本

共産党の主張も、日本がいかにも侵略戦争を始めるかのような暗示がにじむ。

なにしろ議論の最大焦点が、日本を守るはずの自衛隊の手足を縛る「歯止め」だから、日本はそれほどに危険で自制のない国なのか、といぶかってしまう。

日本を軍事的に威嚇し、侵略しようとする勢力への「歯止め」がまず語られないのだ。

集団的自衛権自体を危険視する側は、日米同盟がそもそも集団自衛であることは無視のようだ。日本領土が攻撃され、日本がいくら個別的自衛だと称しても、現実はアメリカに日本との集団的自衛権を発動してもらうのが、日米同盟の抑止力そのものなのである。

自国防衛は集団自衛に全面的に依存しながら、その集団自衛の概念に反対するという日本の従来の姿勢は、アメリカ側ではあまりに自己中心で他者依存とみなされてきた。

アメリカ側は超党派でもう20年も、日本の集団的自衛権解禁を切望してきた。アメリカが想定するアジア有事、つまり朝鮮半島有事や台湾海峡有事に対しては、国防総省にはいつも「ジャパン・イン（内）」と「ジャパン・アウト（外）」という二つのシナリオが存在してきた。

「イン」は日本がアメリカの軍事行動に対し同じ陣営内部に入り、味方として行動する見通しだった。「アウト」は日本が集団的自衛権禁止を理由に米軍の後方支援も含めて完全に非協力、外部に立つという意味なのだという。

歴代のアメリカ政権はもちろん日本に「イン」を望んだが、常に「アウト」をも想定しなければならず、アジア戦略では大きな悩みだった。そして現実の有事でもし「ジャパン・アウト」となった場合、「日米同盟はその時点で終結する」と断言するアメリカ側関係者が多かった。日米安保条約のアメリカ側からの破棄という意味だった。

だから軍事にはあまり熱心ではないオバマ政権も、今回の日本の動きは大歓迎するわけだ。アメリカ側全体のいまの反応について、大手研究機関ＡＥＩの日本研究部長のマイケル・オースリン氏は米側大手紙のウォールストリート・ジャーナルへの安倍首相訪米後の5月中旬の寄稿で次のように書いていた。

「日本のいまの動きは自衛隊を他国の軍隊と同様な機能を果たせるように正常化し、アメリカとの安保協力を深め、他のアジア諸国との安保連携をも可能にし、日本がアジアでの責任ある役割を果たせることを目指す」

日本側の安全保障関連法案と集団的自衛権行使容認への歓迎の総括だった。

アメリカ政府は日本政府に正面から集団的自衛権行使を求めることはしない。主権国家同士の礼儀だろう。だが本音としてのその要望はアメリカ側の政府周辺から長年、一貫して発せられてきた。しかも日本の集団的自衛権は禁止のままだと日米同盟の崩壊につながりかねないとする警告が多かった。

超党派の研究機関「外交問題評議会」が、1997年に日本の集団的自衛権禁止を「日米同盟全体にひそむ危険な崩壊要因」と位置づけたのもその一例だった。そのまま放置すれば、日米同盟全体を破壊しかねない危険な要因こそが、日本側の集団的自衛権行使の禁止だというのである。

こうしたアメリカ側の意向や状況は日本での国会の審議でも、ニュースメディアを主体とする一般の議論でも、まったく欠落したままなのである。戦後でも最大の国家的な危機に直面した国の態度とはとても思えないのだ。


本書は、主にアメリカの首都ワシントンを拠点として当のアメリカ、そして中国、韓国、北朝鮮、さらには日本を考察し、論評してきた評論や分析、ときには報道の集大成である。それぞれの国家を率いるオバマ大統領、習近平国家主席、朴槿恵大統領、金正恩第一書記らを論評し、批判もしてきた。安倍晋三首相への批判の報告も含まれている。

本書の内容は私自身がここ2，3年、月刊雑誌の『テーミス』に不定期に書いてきた論文類をまず主体とした。またインターネット評論・報道サイトの『日本ビジネスプレス』に毎週、書いている『国際激流と日本』という連載コラムからも多数の記事を収録した。それらの報告にもちろんいまの時点での意味づけや解説をつけての単行本化である。

私がこの書で訴えたかった最大のポイントは日本がいまおかれた国際的安全保障の危機だった。日本という国家、そして日本国民にとって戦後の70年間で最も切迫し、最も顕著な危機がいま迫ってきた。その状況は日本にとっての国難ともいえよう。

本書では、その日本の国難の構造や原因を解明し、日本としてどう対応すべきかの提案の明示までをも試みた。

実際の本づくりにあたっては『テーミス』の伊藤寿男編集主幹と水田克治編集長に指導や助言をいただいた。また『日本ビジネスプレス』の鶴岡弘之編集長にも本書で使った多数の報告の執筆ではお世話になってきた。各氏への感謝の意を改めて表明したい。

2015年7月吉日

古森　義久

古森義久がオバマ・習近平・朴槿恵・金正恩を斬る
—反日勢力をのさばらせた朝日新聞と外務省の大罪　【目次】

第2章　アメリカvs.中国の戦いはここまできた――49

第3章　中国の「軍拡」を監視せよ！――89

装丁デザイン——八木千香子

第1章

安倍談話は戦後日本の分岐点になる

安倍首相「米議会演説」にアメリカでエールの声

日本がこれ以上の謝罪を繰り返すことに反対の意見も

タレント前上院議員の「評価」

安倍晋三首相のアメリカ議会での演説では日本の戦争行動への謝罪など期待しない向きも米側には確実に存在する——ワシントンのアメリカ議会での実際の取材でこんなことを痛感させられた。戦時の過去よりも戦後の日本の実績をあくまで優先して語ってほしいという議会側の意向を直接に聞かされたのだった。安倍首相が実際にその演説をする1か月ほど前、'15年4月中旬のことだった。

「安倍首相はアメリカ議会での演説についてとくに米側からの助言は必要としないでしょう。なにを述べるべきか、彼自身に適切に判断する能力が十二分にあるからです」

ジム・タレント前上院議員は強い口調で答えた。まずこの言葉が新鮮に響いた。

安倍首相が'15年4月29日にアメリカ連邦議会上下両院合同会議で日本の首相としては初

めて行なう演説について「アメリカ側の要望」があれこれ伝えられていたからだった。オバマ政権周辺やリベラル系の米側日本問題専門家たちからは「村山談話の効用」を強調し、安倍首相が「侵略」や「植民地支配」への反省や戦争への「謝罪（お詫び）」を議会演説でも述べることを求めるという情報が日本の大手メディアでしきりに流されてきたのだ。

だが、タレント前上院議員は米側がそもそも安倍首相に演説の内容についてあれこれ求めるべきではないという趣旨をまず語ったのである。3月24日、連邦議会の議員会館だった。その大きな一室で上下両院の「中国議員連盟」などの主催の「米中軍事関係」をテーマとした公聴会が開かれていた。タレント氏は下院軍事委員会のランディ・フォーブス議員らに続いてオバマ政権の対中政策などについて演説をした。フォーブス議員もタレント前議員もともに共和党である。

タレント氏は「オバマ政権の対中姿勢は戦略（strategy）ではなく、単に中国側の動きに応じるだけの反応（reaction）である」と厳しく批判した。そして中国の尖閣諸島への攻勢に警告を発し、日米同盟の重要性や安倍政権の防衛重視策への前向きな評価を強調した。「日本」とか「安倍首相」という言葉を頻繁に発したのだ。だから会合後に一対一でタレント前議員に話しかけてみた。

「日米同盟」の成功を強調せよ

もっとも私はタレント氏の上院と下院での現役議員としての活動を知っていた。共和党の政策通として安全保障全般や対中政策、日米同盟などについて発言し、法案に取り組むことが多かったのだ。同氏は下院議員を8年、上院議員を5年ほど務めた。とくに上院では2007年に現役を退くまで軍事委員会の中枢メンバーとして対日、対中の安全保障問題を熱心に論じていた。

だから私はタレント氏にあえて安倍首相の訪米と議会演説について意見を問うてみた。「安倍首相が4月末に議会で演説をする予定ですが、なにを語るべきか、助言がありますか」という質問だった。彼がそれに対して述べたのが冒頭の言葉だったのだ。とはいえ、なにか意見はあるのではないか。私がそう続けると、タレント氏は少し考えてからふたたび口を開いた。

「では僭越ながら述べるとすると、私の期待としては安倍首相には日本が長年、アメリカと歩調を合わせてアジアや世界の平和と安定に寄与してきた実績、そして今後もそうした道を進むという決意を強く伝えてほしいです」

タレント氏は現職議員ではないとはいえ、上下両院軍事委員会での実績を買われて議会の諮問委員格で現在も活動する。いま両院で圧倒的多数を占める共和党のジョン・マケイン上院議員らとのきずなが深い。アメリカ議会の多数派の視点から外交政策や安保政策を俯瞰するには適切な人物なのだ。日米関係にも近からず、遠からず、一定距離をおいての全体図を知る政治家だともいえる。

そのタレント前議員に安倍首相は米議会での演説で過去にどう触れるべきかと、あえて質問してみた。日本の過去の戦争にからんでの行動を安倍首相はどう語ればよいのか、という意味の問いだった。するとタレント氏は即座に答えた。

「過去というならば、戦後の早い時期から東西冷戦中も、日本が日米同盟を世界で最も成功を博した二国間同盟にしてきた実績を語るべきでしょうね」

意外だった。

タレント氏は「日本の過去」を第二次大戦ではなく、戦後70年間の前半として受け止めていたからだ。なお会話を続けたが、タレント氏は「安倍首相が中国の軍事脅威に備えて日本の防衛を強化する意向を表明してくれれば、もっとよいですね」などと述べる一方、日本の過去の戦争や中国、朝鮮半島での行動にはまったく触れないままだった。彼の感覚では日本の過去とは明らかに戦後の早い時代を意味しているのだった。

安倍首相の靖国参拝も問題なし

他方、オバマ政権周辺からは安倍首相が「過去」に関して「植民地支配」「侵略」「謝罪」というような言葉を述べるべきだという要求や期待の情報が流れてくる。もし安倍首相がこの要求に従うと、戦後70年談話と合わせ、わずか3か月余に二度も対外的な謝罪を繰り返すことになる。

だが議会の絶対多数派の共和党議員の思考や言動を熟知するタレント前議員はまったく異なる期待を示すのだった。日本には過去の戦争がらみの謝罪などを求めることはなく、同じ過去ならば戦後の早い時代でのアメリカへの協調を語ってほしい、というのである。日本の首相を戦争がらみの過去の事案を理由に非難するという姿勢が皆無なのだ。こうした態度は共和党政治家の多数に共通するといえる。

たとえば上院共和党ではマケイン議員や、大統領選にも名乗りをあげることとなる若手のマルコ・ルビオ議員が安倍首相の靖国参拝に対してもオバマ政権とは正反対の姿勢をみせた。オバマ政権が安倍首相の参拝に対して「失望」を表明したことは不適切だというのである。同盟国の最高指導者への不適切な叱責だと非難したのだ。歴史認識への姿勢がオバマ陣営とは根幹から違うのだといえる。

最近のアメリカでは日本のこれ以上の謝罪に民主党寄りの日本研究学者の間でも「日本がどれほど謝罪しても中韓両国は絶対に満足せず、日本国内の分裂を深めるだけだ」(ダートマス大学のジェニファー・リンド准教授)というような反対意見も出てきた。安倍首相には、あくまでまずアメリカ議会の多数派である共和党側の動きを考察し、さらにアメリカ全体を幅広く眺めたうえで演説の内容を決めてほしいところである。

(2015年4月15日)

ワシントン・ポストに噛みついた「反日」勢力

在米の中国系活動家たちが慰安婦問題で再び活動を始めた

秦郁彦氏らが米教科書へ反論

アメリカでの慰安婦問題での日本の最大の敵と呼べる中国系反日組織が、日本側からの新たな反論に焦りをみせたかのように、米側の大手新聞の報道に乱雑な抗議をぶつけてきた。この中国系組織はアメリカ内での歴史問題を利用した長年の日本糾弾では表面に立つことが少なかったのだが、最近の日本側での動きに押された形で正面舞台に出てきたという感じである。

アメリカの大手新聞ワシントン・ポストは'15年3月27日付に「世界抗日戦争史実維護連合会」（以下、抗日連合会と略）の副会長イグナシアス・ディン（中国名・丁元）氏からの投書を載せた。「戦争犯罪の隠蔽を承認するな」という見出しのこの投書はワシントン・ポストが'15年3月18日付に掲載した東京発の記事への激しい抗議だった。その東京発の記事は「日本の教授たちが教科書の第二次大戦中の性奴隷の記述細部に挑戦する」という見出しだった。

この「日本の教授たちの挑戦」というのは日本大学名誉教授の秦郁彦氏や明治大学特任教授の大沼保昭氏ら合計19人が3月17日に東京の外国特派員協会で記者会見して発表したアメリカの教科書会社マグロウヒル社への抗議だった。秦氏らは同社が最近、刊行したアメリカ高校生向けの世界史教科書のなかの慰安婦についての記述に大きな誤りがあるとして「McGraw - Hill社への訂正勧告」を明らかにしたのだった。

この教科書は日本軍の慰安婦について「20万人の性奴隷」「日本軍による組織的な強制連行」「天皇からの贈り物」「日本軍は終戦時に慰安婦多数を殺した」など、誤記や虚構に満ちていた。日本政府はすでにマグロウヒル社に抗議して訂正や削除を求めたが、同社側は学問の自由や言論の自由を名目にその要求をはねつけた。さらにアメリカ側の歴史学者など19人がマグロウヒル社の教科書の記述が正しいとする声明を発表した。秦氏らの抗議は米側のこうした動きへの直接の反論でもあった。

そして秦氏らの抗議をワシントン・ポストが前記の3月18日の記事で報道したのである。ところがその報道が気に入らないとして抗日連合会代表ディン氏が登場したわけだ。ディン氏の抗議の投書はワシントン・ポストが日本側の秦氏らの動きをそもそも報じてはならなかったのだ、という主張だった。

だからディン氏の投書の見出しの「戦争犯罪」というのは日本の慰安婦制度のことだった。「隠蔽」というのはいまの日本側の官民が一致した認識の「日本軍による強制連行などなかった」という反論のことである。そして「承認」というのは、いまの日本でのそうした動きをワシントン・ポストが報道したことを指すのだった。

ワシントン・ポストのその記事はアメリカ大手メディアの慰安婦関連報道のなかでは意外なほど客観的だった。そんな傾向自体にも最近の日本側からの反論の効果がうかがわれた。東京発のアナ・フィフィールド記者によるこの記事は秦氏の「売春婦は人間の歴史でいつも存在してきた。慰安婦もその一例であり、特別なカテゴリーだとは思えない」という言葉を文字どおりに伝えていた。

同記事は地の文でなお慰安婦を「性奴隷」と呼んでもいたが、米側の教科書の「日本軍による20万人女性の強制連行」という記述に対し、日本側の学者たちが「根拠のない誤記」と断じて、訂正や削除を求めているという動きを淡々と伝えていた。

また同記事は米側学者が日本政府のマグロウヒル社への抗議を言論の弾圧というふうに

みることに対して、秦氏が「私は自分の発表した記述への訂正要求などは、学者として大歓迎する」と述べたことをも報じていた。

抗日連合会幹部の呆れた抗議

この記事をけしからんとする抗日連合会のディン副会長の投書は以下の内容だった。

「ワシントン・ポストは『ナチはユダヤ人を大量殺戮などまったくしていない』というインチキな主張をするホロコスト・ディナイアー（否定者）に信頼性を与えることはしないだろう。であるならば、なぜ日本の戦争犯罪を教科書で明らかにしたアメリカの学者や出版社の誠実性への日本の修正主義者たちの攻撃をニュース価値があると認めるのか」

「3月18日の同紙の『日本の教授たちが教科書の第二次大戦中の性奴隷の記述細部に挑戦する』という記事は日本の政治宣伝者たちが日本の異常な過去を隠蔽し、性奴隷制度の犠牲者たちを再び傷つけることを支援する結果となった」

「日本軍の慰安所と呼ばれる収容所に囚われた女性たちへの組織的な弾圧は、20世紀でも最も憎むべき戦争犯罪の一つだった。その犯罪は国連や国際的な学者や歴史家たちにより徹底的に調査され、記録された」

「日本の安倍晋三首相とその手下たちは慰安婦システムへの政府の関与の証拠不在を指摘する。だが彼らは中曽根康弘元首相の回顧録を読むべきだ。中曽根氏は若き海軍士官として1942年に軍の調達プロセスによって女性たちを取得し、自分の部隊の将兵の気分を和らげた、と述べているのだ」

以上はディン氏の投書のほぼすべてである。

まず彼はナチス・ドイツのユダヤ民族の大量虐殺と日本の慰安婦がまったく同じだと断じる。さらにいまの日本側での事実の追求は逆に事実の隠蔽だと非難する。そのうえで中曽根元首相の回顧録を日本軍の慰安婦の強制連行の証拠のように強調する。いずれも事実からかけ離れた乱雑で論拠のない非難である。説得力はゼロだといえる。ディン氏がこんな次元の稚拙な表現でしか日本を糾弾できなくなったのは、やはり日本側の反撃、反論のせいだろう。客観的な証拠をなにも示すことができないのだ。

マイク・ホンダ議員とも連携

さらに注目すべきなのは、抗日連合会の代表がこうした場で堂々と組織名と個人名を出してアメリカの新聞に抗議をぶつけることになった事実である。

抗日連合会は'94年に在米の中国系活動家たちが中心となり、カリフォルニア州で旗揚げされた。公式には世界各国の中国系住民、華僑を含むグローバルな組織だと宣言されていた。中国の政府や共産党との結びつけも明白だった。

抗日連合会はその使命として「日本に第二次世界大戦での犯罪と残虐行為を率直かつ明白に謝罪させ、公正な賠償をさせる」と、はっきりうたっていた。具体的には「南京大虐殺、米兵捕虜虐待、731細菌部隊、性奴隷」などを糾弾すると宣言していた。その大前提として敗戦した日本に対する戦争犯罪裁判や講和条約、戦時賠償支払いなど戦後の懲罰や講和、清算などを一切、認めていなかった。

つまりこの組織は現在の日本を合法的な国家として認知していないことになる。戦後の日本の拠って立つ国際的基盤をすべて否定しているからだ。だからまさに「反日」の組織だった。その創設メンバーの一人がイグナシアス・ディン氏だったのである。

抗日連合会は慰安婦問題では韓国系団体の背後に隠れながら、日本糾弾の政治活動をアメリカ内で進めた。'07年のアメリカ議会下院での日本非難の慰安婦決議の最大の推進役も抗日連合会だった。決議案の提唱者のマイク・ホンダ下院議員にはホンダ氏がカリフォルニア州の州会議員だったころからディン氏が接近し、日本の過去の軍事行動糾弾の連携を組んでいた。

こうして長年、水面下に身を隠していた印象の強い抗日連合会がいまや堂々と表面に姿をみせるようになったのだ。その先導役がディン氏なのである。抗日連合会がこうした態度をとるようになったのは、やはり日本側からの慰安婦問題での官民一体の反撃が激しくなり、表に出て戦わざるをえなくなった、という判断を思わせるのである。

（2015年4月1日）

米歴史学者を批判した新進のアメリカ人学者

慰安婦問題で日本を叩く学者に対して真っ当な意見が出てきた

安倍首相を「裸の王様」と表現

慰安婦問題で日本側の主張を無視し続けるアメリカの歴史学者たちに対して、ついに新進の米人学者から「事実関係をみようとしない態度は歴史研究の基礎に反している」とする厳しい非難が表明された。アメリカ学界での慰安婦問題での事実無視の日本糾弾の一枚岩にヒビを生む新しい動きとして注視される。

慰安婦問題は安倍晋三首相の訪米でもまた影を広げた。安倍首相がボストンでの講演で中国系学生から慰安婦問題に関する質問を受けただけでなく、同首相のアメリカ議会での演説でも一部の議員たちからは慰安婦問題での謝罪がなかったことへの非難が起きたのだ。だが米側の慰安婦問題での基本認識が事実に反していることはいまや明白であり、その事実を無視する日本非難の中核にアメリカ側の歴史学者集団が大きな座を占めることも歴然となった。その学者集団への批判が同じアメリカ人歴史学者から出たのだから、日本にとってもその新たな風の意味は大きいといえよう。

今回の新進学者の批判の契機となったのは、前述したアメリカの大手出版社マグロウヒル社の高校生用歴史教科書の慰安婦についての誤記だった。この教科書記述にはすでに述べたように以下の内容が含まれていた。

「慰安婦は日本軍の強制連行による20万人の性奴隷だった」
「日本軍は終戦時に証拠隠滅のため慰安婦多数を殺した」
「慰安婦は天皇から日本軍への贈り物だった」

いずれもなんの根拠もない誤記である。

日本の外務省は当然ながら'14年11月、出版社と著者に記述の訂正を求めた。しかし出版社も著者も訂正はもちろん、記述の是非を論じることさえ拒否した。この動きに対してアメリカの歴史学者たちが'15年3月、日本側の抗議は学問や言論の自由への侵害だとする声明を発表したのである。

この声明は慰安婦問題での長年の日本糾弾で知られるコネチカット大学のアレクシス・ダデン教授が中心となり、コロンビア大学のキャロル・グラック教授や問題記事の筆者のハワイ大学ハーバート・ジーグラー准教授ら合計19人によって署名されていた。ダデン教授はちなみに'00年の「日本軍性奴隷制を裁く女性国際戦犯法廷」の主催者の一員だった。昭和天皇を有罪と断じたあの模擬裁判である。ダデン氏は安倍首相への攻撃を年来、続け、「悪漢」とか「裸の王様」などという侮蔑的な表現まで連発してきた軌跡がある。

だから当然、今回の声明も日本側の慰安婦問題での主張自体を悪とする情緒的な非難に満ちていた。そしてマグロウヒル社の教科書の慰安婦記述は正しいと宣言し、その記述に異論を呈する日本側の動きは「右翼」とか「修正主義」という曖昧な負のレッテルを貼り、言論や学問の自由への弾圧だと断ずるのだった。

新進学者モーガン氏の「視点」

この米側の歴史学者19人の声明に正面から批判を表明したのはアメリカウィスコンシン大学博士課程の日本歴史研究学者ジェーソン・モーガン氏である。アメリカ側の19人の学者たちこそ慰安婦問題での事実関係を考えず、語らず、日本側の正当な抗議を意味不明なののしり言葉のレッテルで排除している、という批判だった。モーガン氏は、アメリカ歴史学会（AHA）の機関誌への投稿という形でこの批判の見解を表明した。

モーガン氏は学者としては新進とはいえ37歳、アジアへの関与は豊富である。テネシー大学を卒業後、ハワイ大学の大学院で中国研究により修士号を得て、中国の雲南大学や日本の名古屋大学でも勉学を続けた。韓国にも在住して英語を教えた経験がある。日本では4年ほど翻訳会社を経営した後、アメリカのアカデミズムに戻り、ウィスコンシン大学の博士課程で日本歴史を専攻するという異色の経歴である。現在はフルブライト奨学金学者として早稲田大学で日本の法制史を研究し、博士論文をまとめているという。

そのモーガン氏が先輩のダデン教授らアメリカ側歴史学者たちの慰安婦問題に対する姿勢を正面から批判したのである。要するに日本側の事実に基づく正当な抗議にまったく答えようとせず、論点をそらし、論題から顔を背けているという非難だった。ダデン教授らの声明はアメリカ歴史学会の月刊機関誌の3月号に掲載された。だからモーガン氏も同機関誌への投稿という形をとった。その投稿が掲載されるかどうかはまだ不明だが、モーガン氏は4月下旬、その他のインターネット論壇などに自分の意見をすでに公表した。この公表自体が先輩の歴史学者への挑戦というきわめて異例の事態となった。

モーガン氏の見解の骨子は以下のようだった。

▽ダデン教授ら19人の声明は慰安婦に関する日本政府の事実提起の主張を言論弾圧と非

難するが、その非難の根拠となる事実をまったく明示していない。この点は学問を探求する当事者としての偽善としか呼びようがない。

▽この声明は日本の吉見義明氏の研究を「20万強制連行」などのほぼ唯一の論拠として言及しているが、吉見氏も慰安婦の強制連行の証拠はないことを認めている。同声明は日本軍による多数の慰安婦殺害や天皇の贈り物などという記述になんの根拠もないことにも触れようとしない。

▽声明はアメリカの研究者も年来、明白に依拠してきた吉田清治証言の虚構や朝日新聞の誤報にまったく触れていない。事実を優先する歴史研究で不都合な事実を意図的に無視する態度は学問の基本倫理に違反している。

▽声明は日本側で慰安婦問題の事実を提起する側を「右翼」「保守」「修正主義」などという表現で片づけている。この種の用語は侮蔑的なレッテル言葉であり、実体のある意味がなく、真剣な議論を拒むための煙幕にすぎない。

▽声明は日本政府の動きを中国などの独裁国家の言論弾圧と同等に扱い、学問や言論の弾圧を恒常的に実施しているかのように描いている。だがアメリカ人の日本研究学者としての自分たちがその日本政府機関からの資金で研究をしてきた事実を無視している。

以上の主張を表明したモーガン氏はとくに「アメリカの日本歴史学界でこの19人の明白な錯誤の意見に誰も反対しないという状態こそ学問の自由の重大なゆがみだと思う」と強調するのだった。

慰安婦問題では日本側の事実に基づく主張にさえ、耳を傾けようとしないアメリカの日本研究者の間にも、モーガン氏の反論がついに新しい風となることを期待したいところである。

（2015年5月5日）

歴史学者187人の声明は反日勢力の「白旗」だった

朝日新聞が一面記事で報じた声明だが慰安婦問題は大きく後退

日本国民への高圧的な「説教」

慰安婦問題で日本を長年、糾弾してきたアメリカの日本研究者たちが「日本軍が20万人の女性を強制連行して性奴隷にした」という年来の主張を一気に撤回してしまった。この主張には本来、根拠がなかったのだが、ここにきてやっと日本側の主張を間接にせよ認める形で大幅後退を示した。日本側にとっては歴史問題ではやはり相手の不当な反撃を恐れず、正しい主張を表明し続けることの効用が証されたようだ。

このアメリカ側の「撤回」は'15年5月8日に日本側の大手新聞各紙も報道した「アメリカなどの日本研究者187人の声明」で明らかとなった。この声明は「日本の歴史家を支持する声明」と題され、英語と日本語の両方で公表された。表題こそ日本の一部の歴史研究者たちへの支持という形をとっていたが、実際の内容は安倍晋三首相や日本政府への慰安婦問題など歴史案件での要望や指示だった。現実にこの声明は首相官邸にも送られたという。

同声明の主要部分は安倍政権の歴史観、とくに慰安婦問題での姿勢に遠まわしながら注文をつけていたから朝日新聞は一面記事として大きく報道し、全文まで掲載した。同声明は日本の戦後70年の平和的な実績を称賛しながらも、なお第二次大戦での「過ちを全体的で偏見のない清算する」ことを求めていた。慰安婦問題などでは「安倍首相の大胆な行動」を要求するというが、それ以上に具体的な求めは明示していなかった。

だがこの声明は実際には日本政府への通告という形で日本国民全体に対しても、過去への心の持ち方を指示するような説教調に満ちていた。外国の単なる学者や研究者が他の主権国家の政府や国民に精神や心性の内部にまで踏み込んで、あれこれ要求をし、指示をするというのは、考えてみれば、傲慢そのものである。あなた方になぜそんな資格があるのかと問いたくもなる。日本人の学者たちが連名でアメリカのオバマ大統領に「過去の直視」の仕方を説く書簡を出した場合を考えてみれば、その専横さがわかるだろう。

声明は慰安婦問題での長年の日本叩きで知られるコネチカット大学のアレクシス・ダデン教授が中心となって作成し、ハーバード大学のエズラ・ボーゲル名誉教授やイギリスのロンドン・スクール・オブ・エコノミクスのロナルド・ドア元教授という長老格や新進の日本研究の学者や専門家が名を連ねて署名していた。大多数はアメリカの学者たちだが、オーストラリアの研究者なども含まれていた。

同声明はとくに日本政府への要求として以下のようなことを書いていた。

「今年は日本政府が言葉と行動において、過去の植民地支配と戦時における侵略の問題に立ち向かい、その指導力をみせる絶好の機会である。安倍首相は4月のアメリカ議会での演説で人権という普遍的価値、人間の安全保障の重要性、そして日本が他国に与えた苦しみに直面することを語った。私たちはこうした心情を称賛し、安倍首相にその一つ一つに関して大胆に行動することを促す」

要するに日本の首相への指図なのである。日本の首相は日本国民の多数派により民主的に選ばれているから、この指図は日本国民への高圧的な説教だともいえる。日本をまるで彼らの精神的な植民地のように扱っているかにもみえてくる。占領軍のGHQ的な思想警察現代版でも気取っているのだろうか。

マグロウヒル社問題を契機に

しかし、この声明の最大の特徴は主題の慰安婦問題に関してアメリカの日本研究者、日本歴史学者たちが長年、打ち上げてきた主張を引っ込めてしまったことだった。その主張とは簡単にまとめれば、以下の記述となる。

「日本軍は組織的に20万人もの女性を強制連行して慰安婦とし、性的奴隷にしていた」

この主張には根拠がない。しかしアメリカや国連では長年、その虚偽の主張がまかり通ってきた。その理由としては今回の声明の187人の研究者の中心となったダデン氏のようなアメリカの日本歴史学者たちの政治色の濃い虚構の宣伝が基盤ともなってきた。最近のその典型例がアメリカ大手出版社マグロウヒル社の高校歴史教科書の記述だった。前述したようにその内容は虚構である。アメリカの高校生の教科書の記述としてはあまりに理不尽だった。だから日本外務省が抗議をして、訂正を求めた。だがマグロウヒル社は拒絶した。日本側の民間の研究者たちの間でも広範な反発が起きた。

すると、この日本側の事実を主張する動きに対してダデン氏やコロンビア大学のキャロル・グラック教授、同教科書の問題記述の筆者のハワイ大学ハーバート・ジーグラー准教授ら合計19人が連名で反発の声明を出したのだった。この「米側19人の学者の声明」はマグロウヒル社の教科書の記述はすべて正しいとして、その記述に抗議する日本側の動きを「学問や言論の自由への侵害」だと断じていた。’15年3月のことだった。本書でも既に報告したとおりである。

ところがそれから5月に出た「187人の日本研究者の声明」では慰安婦についてまったく異なる記述が書かれていたのである。その新たな声明には前述のダデン氏やグラック氏のほか、ハーバード大学教授のアンドリュー・ゴードン氏、コーネル大学上級研究員のマーク・セルデン氏らが名を連ねていた。この4人は3月の声明にも署名していた。

だからダデン氏らは「日本軍は組織的に20万人の女性を強制連行して慰安婦とし、性的奴隷にしていた」という見解を全面支持したわけである。その他にも3月の声明にサインした学者のうち他の8人が5月の声明に署名していた。つまり12人が「20万強制連行」を断言し、その主張に異を唱えることは学問や言論の自由の侵害だとまで宣言していたのだ。

だが今回の187人の声明は慰安婦問題について驚くべき後退を示していた。その具体的な骨子は以下である。

「慰安婦制度に日本軍がどの程度、直接に関与したのか、女性たちが強制されて慰安婦となったのかどうか、ある歴史家たちは異論を唱えている。しかし多数の女性が自己の意思に反して拘束され、恐ろしい暴力にさらされたことは多々の証拠から明白だ」

「慰安婦の正確な数については歴史家たちの意見は分かれている。おそらく確実に人数が知られることはないだろう」

上記の二つの記述が今回の声明での慰安婦問題認識の核心だといえる。

朝日新聞が触れない「実態」とは

つまり日本軍が女性たちを強制連行したとは述べていないのだ。「女性が自己の意思に反して拘束され」という範囲で留まる記述なのだ。長年の「日本軍の組織的な強制連行」という断定は消えてしまったのだ。今回の声明に名を連ねた187人のうち12人はその虚構の断定をつい3月の声明で全面支持していたのにもかかわらず、である。

慰安婦の数も同様である。正確な数はわからないのだという。では「20万人」という明確な数字はどうなったのか。これまたダデン氏らはつい2か月前の声明で断定していたのだ。こういう人たちは自分自身を学者と呼ぶのなら、その良心に従って、非を認める、あるいは少なくとも、この3月と5月の両声明の大きな矛盾について説明すべきだろう。

今回の声明には米側でおなじみの「性的奴隷」という言葉もなかった。「日本軍の強制連行、徴用」という言葉も消えていた。日本側で正しい主張をする当事者たちを「修正主義者」とか「右翼」だとののしる、おなじみの表現もなかった。ほぼ唯一、記された同趣旨の言葉は「ナショナリスト（民族主義者）」だった。「慰安婦問題はナショナリストたちの暴言でゆがめられてきた」という記述だったが、このナショナリストは従来のように日本だけに留めず、中国や韓国のナショナリストも批判の対象に含めている点が新たな特徴だった。

だから今回の187人の声明に関する限り、慰安婦問題でのダデン氏らの年来のプロパガンダ的主張は全面的に退けられた形となったのだ。日本側の事実に基づく主張が遠まわしの形にせよ、認められたことになる。この点ではこの声明は慰安婦問題での日本叩き派があげた白旗だともいえよう。だからこそこれまで慰安婦問題での日本糾弾には加わってこなかった研究者たちまでが今回の声明には名を連ねたということのようだ。

今回の声明を大きく報道した朝日新聞は、もちろんこうした部分には触れていない。だが、米側のダデン氏ら19人の3月の声明に反論していた日本側の秦郁彦氏や西岡力氏らにとっては目にみえる成果だといえよう。やはり日本の名誉にからむ歴史問題では誤った主張には反論を続けねばならないのである。

（2015年5月13日）

第2章

アメリカvs.中国の戦いはここまできた

オバマ政権の「中国研究」はこうして進む

米情報機関は総力を挙げて軍事から人権まで詳細な研究を続ける

中国はアメリカにとって敵対者だ

「中国共産党の独裁政権はノーベル平和賞受賞の劉暁波氏をなお拘束し、妻の劉霞氏まで軟禁した。アメリカの政府、議会は改めて2人の即時解放を求める！」

こんな声が'12年12月、アメリカ議会の大きな会議室に響き渡った。「中国に関する議会・政府委員会」が開いた中国政府の人権弾圧についての公聴会、その委員長を務めるクリス・スミス下院議員の冒頭の言明だった。

同委員会は、その名称どおり立法府と行政府が共同で中国の社会や内政を研究し、考察し、アメリカ側の対中政策に反映させていくことを任務とする。アメリカ側の中国研究の巨大なメカニズムの一端である。つい先日の'12年12月12日に「ノーベル平和賞受賞の劉暁波氏夫妻の拘束」という題の公聴会を開き、その2年前に獄中でノーベル平和賞を得た民主活動家の劉氏の近況を、同志の中国人関係者らからも聴取するのだった。

アメリカの対外政策では中国の比重はますます増大してきた。再選を果たし、'13年1月には2期目に入ったオバマ政権にとっても、国際関係で最も注視し、懸念を向ける対象は中国だという構図がさらに鮮明となった。オバマ大統領自身の言葉を借りれば、中国は「敵対者であり潜在パートナーでもありうる」とされる。

軍事でも経済でも外交でもパワーを拡大する中国にどう対応するか。アメリカにとってのこの重要課題は、わが日本にはさらに大きな重みをもって迫ってくる。だからアメリカの対中取り組みは、日本にとってもきわめて有益な指針となる。

アメリカは中国に対し、単にオバマ政権だけでなく、すでにここ十数年も政府や軍、議会など実に多様な組織が一貫して監視の目を向け、調査し、研究し、分析し、その結果の大部分を公表するという作業を続けている。民間でも多くの研究機関が十重二十重に中国を注視し、その動きを読む。

この作業は民主党、共和党の別のない超党派であり、保守、リベラルのイデオロギーの差もほとんど作用しない。オール・アメリカで中国を研究し、対処するという体制なのだ。

研究の基礎には、当然ながら正確な情報が必要とされる。だが、中国の動向について正しい情報を得ることは難作業である。中国は日本やアメリカと異なり、共産党独裁の統治下でほとんどの重要政策は秘密裏に決められるからだ。

議会での公開の法案審議もない。とくに軍事関連の動きが秘密の度合いが高い。そこでアメリカとしては独自の方法で情報を取得することが必要となる。インテリジェンス（諜報）と呼ばれる手法である。

中国研究は「生々しい素材」で

中国の非公開情報の収集ではまず中央情報局（CIA）が活動する。軍事、政治、経済と広範な分野の中国情報を多様な方法で集める。なかには当然、一般にスパイと称される活動もある。さらに巨大な情報収集機関としては国家安全保障局（NSA）が機能している。この組織は人工衛星での偵察や相手の通信傍受などテクニカルな手段で情報を集める。さらに国防総省の一部の米軍の諜報機関として国防情報局（DIA）もある。

こうしたアメリカ側のインテリジェンス諸機関は、中国が秘密にする核ミサイルの所在やサイバー攻撃の拠点までをつかんでいる。そしてそれらの情報のほとんどはアメリカ国民一般に公表して、中国研究の生々しい素材とするわけである。

では、中国研究はアメリカの国政の場では、どのような機関がどのように進めるのか。まず軍事の分野から見てみよう。

アメリカ国防総省は毎年1回、「中国の軍事力」という報告を発表する。中国人民解放軍が空軍や海軍でどんな新鋭兵器を調達して配備したか、具体的な数字をあげて詳しく伝える。この報告は政府から議会へと送られる。最近はオバマ政権がその内容を薄めるという傾向もあるが、報告の作成と公表自体は'00年以来、法律で義務づけられている。だからアメリカ側の時の政権が、政治や外交の配慮で中国の軍拡にベールを覆うことはまずできないのである。

中国による軍拡の報告を受けた連邦議会は、上下両院に軍事委員会があるが、議会としての対応が必要だと判断すれば、まず公聴会を開き、証人の説明を聞く。そこでの討議を基に法案や決議案を作る。両院にある外交委員会でも、中国の軍事がらみの動きはアメリカにとっての国家安全保障の課題として取り上げる。中国の軍拡や戦略が国民誰もが注視できる立法府で明らかにされるのだ。

12人の委員が中国軍事を研究

議会の「中国議員連盟」というのもユニークな役割を果たす。この名称だけみれば、日本の国会での例のように、いかにも中国と日ごろ交流するアメリカ側の議員たちの集まりとも映るだろう。

ところが、実態は逆である。上下両院の軍事委員会などのメンバーで、中国の軍事動向に懸念を抱いている議員たちの集団なのだ。

アメリカ議会にはさらに中国の軍事や安全保障の動きを徹底して調査し、研究し、分析する超党派の組織が存在する。「米中経済安保調査委員会」という政策諮問機関である。この機関は、米中両国間の経済関係がアメリカの国家安全保障にどんな影響を与えるかを主体に研究する。その結果を議会や政府への政策提案として総括する。

この機関は民主、共和両党の有力議員が指名した計12人の委員からなる。委員はみな中国や米中関係に詳しい専門家、有識者である。この委員たちが中国側の「宇宙兵器の開発」「海洋戦略」「ミサイル配備」「核戦略」などという具体的なテーマに絞って調査を進め、さらに個別の分野に詳しい研究者たちを招いて見解を聞く公聴会を開く。

その結果は、毎年11月に公表される同委員会の年次報告にまとめられる。'12年の報告は全体で500ジペー近く、内容としては次のような見出しが並んでいた。

「中国のサイバー活動」

「中国の核兵器開発」

「アジアにおける中国」

「中国の国有企業の実態」

中国のこうした分野での動きは、いずれもそれがアメリカにどのような影響を及ぼすかという視点から検証されていた。

いまのアメリカでは、中国の軍事研究がとくに盛んだといえる。中国の軍拡がアメリカにとって徹底研究を要するという認識からである。東西冷戦中は、ソ連の軍事力研究がアメリカの安全保障や国際関係の学問領域で最も重要で最も大規模な分野とされた。最も優秀な人材がそこに集結した。いまそうしたベスト・アンド・ブライテスト（最優秀）の研究者たちが、中国の軍事研究へと集まってきた観があるのだ。

アメリカは、中国側が最も忌み嫌う人権弾圧にも鋭く踏み込んでいく。人権が中国研究の重要な一部となっているのだ。その中心が冒頭にあげた「中国に関する議会・政府委員会」という組織である。

人民元レート不正操作も監視

この委員会は議会と政府の代表が集まり、中国の社会や文化を調べ、アメリカ側の対中政策の基準とする。だからどうしても政府による国民の処遇、つまり人権状況の調査が中心となるわけだ。その種の調査や研究は1年中、続けられ、その成果が年次報告にまとめられる。

アメリカ議会には「トム・ラントス人権委員会」という議会独自の超党派組織があり、中国の人権弾圧にも果敢に対処している。この組織は、米議会で唯一のホロコーストの体験者とされた故ラントス議員の名をとり、世界各国の人権抑圧について調べ、アメリカ政府の対外政策を背景に追及していくという機能を果たしている。その場では、中国のチベットやウイグルの少数民族弾圧や「一人っ子政策」での女性抑圧などが頻繁に提起される。

アメリカ政府自体も国務省が主体となり、世界各国の「人権」状況の年次報告、「宗教の自由」の年次報告を公表している。独裁国家の中国はそのいずれのレーダースクリーンにもかかることが多い。アメリカ政府の中国の研究、そして監視の目はここにも存在するわけだ。

アメリカの政府や議会の批判的な視線は、中国の経済活動にも向けられる。まず議会上下両院の財政や予算の関連委員会が「中国の人民元交換レートの不正操作」を恒常的に追及する。レートが実勢よりずっと低く設定されているために、中国の対米貿易黒字が膨張する、というアメリカ側の不満が基礎となる。

大統領直属の「米通商代表部（ＵＳＴＲ）」は中国の経済や貿易の慣行について、世界貿易機関（ＷＴＯ）の規則をどこまで順守したかを克明に追跡して、毎年、報告として発表する。中国の官民がアメリカなどの工業製品や芸術作品を盗用する知的所有権違反の大規模な実例を具体的に指摘して、抗議する。中国当局が自国内で活動するアメリカ企業に不当な規制を加えるケースも「不正貿易慣行」として糾弾する。

いずれも議会の関連委員会が、政府の研究や報告を基にこれらケースを公開の場で提起していく。

以上のような「官」の機関に加えて、ワシントンでは多数の民間研究機関が中国の動きを追っている。中国の軍事を重点に研究する民間シンクタンクだけでも、ヘリテージ財団、ＡＥＩ（アメリカン・エンタープライズ・インスティテュート）、新アメリカ世紀プロジェクト、プロジェクト２０４９研究所、戦略国際問題研究所（ＣＳＩＳ）、国際評価戦略センターなど、枚挙にいとまがない。

日本も国政レベルでの研究を

さらに、軍事を含めて中国の動向を恒常的に研究する民間機関ではブルッキングス研究所、カーネギー国際平和財団、ハドソン研究所、外交評議会、ヘンリー・スティムソン・センターなどがあげられる。

これら民間研究機関にはそれぞれ中国研究部門があって、政府や軍での勤務経験の豊富な中国専門家たちを抱えている。だから積極的に中国研究の成果を政府や議会に向けて政策提案の形でぶつけることが多い。

アメリカ官民の中国研究をこうして眺めてくると、一体なぜここまでという疑問もわくだろう。他国の内情をこれだけ系統的に探り、しかも批判を加えるというのでは、独善的な内政干渉という印象さえ与える。だがアメリカからすれば、自国の安全保障や経済発展、そしていまの世界では普遍的な民主主義や人権尊重という価値観の擁護のため、ということになる。中国という膨張する大国の実態を知ることがアメリカの国益を守り、国民の福祉を高めるために欠かせない作業だとの論理だろう。

とくに、中国の軍事などの動きが秘密のベールに覆われている現実を考えると、アメリカ側も国家や政府としての情報の収集や分析が不可欠になるわけである。

こうした諸点から判断すると、日本でも国政レベルで同種の中国研究、中国論議がなされてしかるべきである。中国の動向は日本の運命を左右するほど巨大なのだ。だから、このアメリカの官民あげての中国研究の実態は、日本への貴重な指針になるところが大だ。安倍晋三新政権にとっても避けられない課題になってくるといえよう。

（2013年1月）

米中「サイバー戦争」が新段階に突入した
中国は産業機密を盗みシステムを破壊するため新手段を使う

アメリカに対する中国のサイバー攻撃が米中関係全体を激しく揺さぶるところまでエスカレートしてきた。

オバマ大統領は'13年3月14日、中国の国家主席になったばかりの習近平氏との電話会談でサイバー攻撃の脅威を話題にしたのである。中国を露骨に非難こそしなかったが、このところ米側で大きな課題となった中国によるアメリカ官民へのサイバー攻撃に対する抗議をこめての問題提起であることは明白だった。

主要国141社に侵入し情報取得

サイバーとはコンピュータ・ネットワークのことである。その代表がインターネットだといえよう。サイバー攻撃とは、他者のコンピュータ・ネットワークに不当に侵入し、情報を盗み、撹乱し、破壊までを図る活動のことだ。アメリカ側では最近、中国によるサイバー攻撃が一段と深刻な懸念の対象となってきた。

オバマ大統領が、習近平国家主席にこの問題を警告をこめて提起したつい2日前の3月12日には、オバマ政権のジェームズ・クラッパー国家情報長官が上院情報委員会の公聴会で「中国はサイバー攻撃の分野に相当額の投資をして、非常に大規模な専門組織を有し、きわめて攻撃的だ」と証言していた。

その一例として、同長官は「電気網などのインフラ施設への攻撃」の危険をあげた。同様に米側では中央情報局(CIA)や国防総省、軍部のトップが公開の場で「中国のサイバー攻撃の危険」を声高に指摘するようになったのだ。

しかし、中国のサイバー攻撃の影響を全米一般向けに最もショッキングな形で警告することになったのは、'13年2月中旬に公表された調査報告書だった。アメリカ民間の大手インターネット・セキュリティ企業「マンディアン」が長年の調査に基づく結果として、中国当局の対米サイバー攻撃の実態を詳しく発表したのだ。その要旨はアメリカの大手メディアにより、大々的に報道された。

同報告書は最重要の発見として以下の諸点を明記していた。

「中国を拠点とする世界でも最大のサイバー攻撃の実行組織は'06年以来、アメリカを主とする主要諸国の合計141企業のコンピュータ・ネットワークに侵入し、高度技術の企業秘密や知的所有権にかかわる情報などを大量に盗むことに成功した。中国のこの組織は人民解放軍総参謀部第三部第二局の『61398部隊』で、上海浦東地区の12階建てビルを主要拠点としていることが判明した」

「中国軍当局はこのサイバー攻撃作戦で約20の産業分野の各企業から高度技術製品の設計図、製造プロセス情報、製品試験データ、ビジネス計画、価格情報、他企業取得計画などを得た。同時にアメリカの電力、通信、エネルギーなどの公共サービスや米軍の『指揮・統制・通信』などのシステムの妨害をも試みてきた」

仮想世界で米中戦争が勃発へ

もちろんこのサイバー攻撃の米側での摘発は、日本にとっても重大な意味がある。日本でもすでに三菱重工業のような防衛産業主要企業や、衆参両院の議員たちの事務所に対してのサイバー攻撃が確認されているからだ。日本側の調査でもその発信源が中国であることが、ほぼ確定されている。

この「マンディアン」社の調査報告書はサイバー攻撃の「犯人」を中国軍の特定機関だ

として断定したことが大きな波紋を呼んだが、被害の主体は民間企業の産業秘密類に重点が置かれた。

サイバー攻撃にはそもそも二種類がある。第一は相手のシステムからの情報取得のための侵入である。第二は相手のシステムを混乱させ、破壊するための攻撃である。被害を受ける国家にとっては後者がずっと重大となる。国の防衛の基本が、サイバー攻撃で崩されてしまう危険があるからだ。

さらに2年ほど以前の話だが、私はワシントンで中国の軍事戦略研究の専門家ディーン・チェン氏から、次のような言葉を聞いたことがいまも忘れられない。

「サイバー攻撃に関する限り、米中戦争はすでに開始された。中国側はサイバー空間の仮想世界でのアメリカとの戦いがもう始まったとみなしている。米側の国防関連のコンピュータ網に全世界規模で攻撃をかけているのだ」

チェン氏は国防総省の中国担当部門などに長年、勤務し、いまはワシントンの大手研究機関へリテージ財団の首席中国研究員を務める。

チェン氏の指摘するように中国の対米サイバー攻撃の歴史はもう長い。米側当局の発表としては'02年に議会諮問機関の「米中経済安保調査委員会」が「中国側が米陸軍情報システム工兵司令部、海軍海洋システム・センター、ミサイル防衛局などのコンピュータ・ネットワークにサイバー攻撃をかけた」と述べている。

この調査委員会はその後も一貫して中国の対米サイバー攻撃についての調査と発表を続けてきた。昨年11月に発表された'12年の年次報告は、米空軍の新鋭戦闘機F35の製造技術秘密が中国側のサイバー攻撃で盗まれた経緯を詳述していた。

その製造を請け負ったロッキードマーティン社の下請け企業8社ほどのコンピュータ・システムが、中国のサイバー攻撃で侵入を受けたというのだ。

すべて実戦の備えに直結する

だが、この米中経済安保調査委員会が強調するのも、中国側のこの種のスパイ活動よりも破壊活動の危険性である。同委員会の年次報告は中国のサイバー攻撃の実例として以下を記述していた。

▽'07年から'08年にかけ、アメリカ側の地球観測衛星2基のコンピュータ・システムに対し攻撃をかけた（米軍は有事の軍事偵察やミサイル誘導にこの種の衛星を使う）

▽'09年には米軍内部のNIPRというインターネット・システムに侵入し、米軍の部隊や艦艇の位置と動向、空中給油の状況を混乱させようとした（有事の米軍の移動を混乱させることも可能になる）

▽'12年9月には、中国のサイバー攻撃がホワイトハウスの軍事部局に仕掛けられ、大統領の軍事関連通信が撹乱される可能性が生じた（有事の重要命令の流れが妨害される恐れもあった）

こうした実例をみると、中国側のサイバー攻撃での狙いは、みな実際の戦争への備えに直結していることが明白となる。だからこそアメリカ側も、この動きを仮想世界での米中戦争とみるわけだ。その結果、米軍は'10年5月に「サイバー司令部」を発足させた。その統合軍機能の下に、陸軍や海軍のサイバー作戦司令部が作られた。

こうした背景があったからこそのオバマ大統領の習主席への警告だったのだ。中国のサイバー攻撃は、このようにきわめて軍事性の強い危険に満ちた活動であり、同時に米中両国間の水面下の緊迫を象徴する現象なのである。

（2013年4月）

アメリカの「対中政策」は大まちがいだった

米国の軍事研究家『100年のマラソン』によって明かされた衝撃

ピルズベリー氏の「最新報告」

アメリカの歴代政権の中国への「関与」政策はまちがっていた。関与すれば中国はアメリカ主導の国際秩序に協調的な一員として参加してくるという推定は幻想だった。中国はアメリカを排除して独自の世界覇権を一貫して目指しているのだ――。

こんな大胆な新考察がアメリカの国防総省で長年、中国の軍事研究を任されてきた権威によってこの'15年2月、公表された。その中国の世界覇権への野望は「100年のマラソン」と評され、中国が日本を世界の悪者に仕立てる「日本悪魔化」工作もその長期戦略の重要な一環なのだという。

この衝撃的なミスの自認はアメリカの1970年代のニクソン政権時代から一貫して国防総省の高官や顧問として中国の軍事動向を研究してきたマイケル・ピルズベリー氏によ

り最新刊の書『100年のマラソン＝アメリカと交替してグローバル超大国になろうとする中国の秘密戦略』のなかで明らかにされた。

ピルズベリー氏といえば、アメリカの中国研究者多数の間でも軍事分野での第一人者とされる。とくに中国語に堪能で共産党や人民解放軍の軍事戦略関連の文書を読みこなす一方、中国側の軍首脳との親密な交流を保ってきた実績で知られる。同氏は東西冷戦中のレーガン政権時代にはアメリカがソ連を牽制するために中国に軍事関連の支援をするという政策を提唱し、中国軍首脳と緊密な関係を築いて、中国側の信頼をも得てきた。そのピルズベリー氏がいまやその中国強化の政策はまちがいだったと告白したのである。だからその書はいまワシントンの外交政策形成の世界では衝撃的な波紋を広げている。

同氏の著書によると、アメリカ側には官民ともに中華人民共和国に対しては「欧米や日本の侵略の犠牲になった貧しく弱い国」という思いこみがあり、とくに1970年代のニクソン政権やカーター政権の時代から中国をより強く、より豊かにすることがソ連への牽制だけでなく、中国自体をアメリカ側に協調的、友好的な姿勢をとらせる最善の方法だと信じてきた、というのだ。つまりアメリカは「建設的関与」により中国を最大限に支援して、その根幹を強くし、豊かにすれば、中国は国際社会への参加や協力を強め、西側に同調すると考えてきた、というのである。

だがピルズベリー氏はいまや自分自身のかつての思考をも含めてアメリカ側の年来の「中国に対する関与政策は中国の対米協力をもたらす」「中国は民主主義へと向かっている」「中国は国家としてまだ弱体」「中国はアメリカのようになりたいと願っている」……という想定はみな錯誤だったとも断じるのだ。

そのうえで同氏は自書のなかで次のような重大な指摘をしていた。

中国「タカ派」指導者が主流に

▽中国は「平和的台頭」や「中国の夢」という偽装めいたスローガンの下に力の拡大を進め、アメリカを安心させ、対中関与政策をとらせてきた。だが実は建国から100年目の2049年を目標に経済、政治、軍事の各面でアメリカを完全に追い抜く超大国となり、自国の価値観や思想に基づく国際秩序と覇権を確立しようとしているのだ。

▽中国共産党指導層はアメリカが実は中国の現体制を骨抜きにし、国際的にも封じ込めて変質させ、アメリカ主導の国際秩序に従属的に参加させる意図だと長年、判断してきた。だが表面はアメリカの主導と関与の策に従うふりをしながら、国力を強め、アメリカの覇

権を奪い、中国主導の国際秩序を築く長期戦略を「100年のマラソン（馬拉松）」として進めてきた。

▽中国指導層のそうした真意は人民解放軍の最高幹部や共産党の幹部のうち「タカ派（白鷹）」とされる人たちの意見の発表で明示されてきたが、実はそのタカ派的な「100年のマラソン」の思考が指導層の主流であり、とくにいまの習近平主席の考えに近いことが明白となった。

▽ピルズベリー氏自身は中国が実際にはアメリカを圧して、自国が覇権を行使できる世界秩序を構築することを意図している事実を2010年ごろから認識するにいたった。アメリカ政府側でもCIA（中央情報局）などはその事実を認めるようになった。対中関与政策が中国をアメリカの好む方向へ変質させるというのは幻想だといえる。

「日本悪魔化」のプロパガンダ

以上のように、なにしろ中国軍事研究の最高権威がこれまでの自分の認識が幻想だったと自認するのだから、その余波は巨大となる。

しかし、ピルズベリー氏は日本についても重大な指摘をしていた。中国がアメリカを圧倒して世界最大の覇権国家になろうという野望「100年のマラソン」には日本を極端に敵視する戦術が組み込まれているというのだ。同氏によると、中国はその野望の主要手段として「現在の日本は戦前の軍国主義の復活を真剣に意図する危険な存在だ」とする「日本悪魔化」工作をすでに実行してきた。アジア諸国と日本国内をも対象とするこの反日工作は日本がアメリカの主要同盟国として安保と経済の大きな柱である現状を突き崩すことを目的にするという。つまり日本を悪魔のような悪の存在として描き、その負のイメージを国際的に、さらには日本国内に向けても投射する、というのである。つまりは日米分断の試みともいえよう。

ピルズベリー氏の指摘によると、中国側ではこの「日本悪魔化」戦術の一貫として次のようなプロパガンダをも内外に発信しているという。

「日本の首相の靖国参拝は中国への再度の侵略への精神的国家総動員のためなのだ」

「日本の宇宙ロケット打ち上げはすべて弾道ミサイル開発のため、プルトニウム保有は核兵器製造のためだ」

このような日本非難が中国共産党指導層内部で堂々と繰り返されているというのである。

その発信役はおもに「白鷹」と呼ばれる党や軍の強硬派だが、そのメッセージ自体は共産党全体の発信として重く受けとめられるという。

だからピルズベリー氏は日本側としてはこの種の有害なプロパガンダを取り上げて、正面から論争を挑み、正すべきだと提言するのだった。

（2015年2月18日）

国務次官演説にみるオバマ政権の中国偏重

尖閣問題に関してはあくまでも「第三者」に回っているが

シャーマン国務次官の演説で

アメリカオバマ政権のウェンディ・シャーマン国務次官のアジア歴訪についての演説が日本の主要メディアでも報道された。同次官は演説のなかで歴史問題や領土問題について日本、中国、韓国を同次元において均等に助言を与えるような言辞を表明はしたが、全体としては中国を重視し、日本は後回しという姿勢をにじませた。オバマ政権が対日同盟での日本防衛誓約よりも中国との関与策を強調するという従来の路線の反映だともいえそうだ。オバマ政権は２０１５年5月ごろから中国への姿勢を硬化させたとはいえ、その以前はとにかくソフトに、という傾向があったのだ。

シャーマン次官は北東アジアを中国、韓国、日本という順番で歴訪し、ワシントンに戻ってすぐの'15年2月27日、カーネギー国際平和財団でその歴訪の総括について演説した。日本の主要メディアは同演説の歴史問題関連分野だけにほぼ焦点を絞って報道したが、演説全体の内容を構成や表現という観点から検証すると、オバマ政権の対アジア政策の独特な傾向が浮かびあがる。その傾向を反映するシャーマン演説の特徴は次のようだった。

まず第一はシャーマン次官のアジア三国を語る順番だった。

同次官は中国、韓国、日本という順に訪問した。だから演説でも中国、韓国、日本という順に話を進めた。だがこの歴訪の順番自体がアメリカの政府高官や連邦議員の北東アジア訪問では年来の慣例とは異なる。共和党のブッシュ前政権では政府高官の歴訪は同盟国重視の大前提からまず日本、そして韓国、その後に他の友好国、あるいは同盟国、さらに中国を訪問対象に含めるならば、ほとんどの場合、最後に中国という順番だった。必ずといってよいほどそうだった。

オバマ政権ではその順番が変わり、閣僚級でも北東アジアの訪問では日本を最初の国に選ばない事例があいついだ。だが同じオバマ政権の期間中でも日米同盟の重視を強調する共和党側ではここ1、2年でもジョン・マケイン、マルコ・ルビオ、ボブ・コーカー各上院議員らは個別のアジア諸国歴訪でみな日本を最初に訪れた。いずれも上院の外交委員会や軍事委員会の主導的メンバーの議員たちである。とくにコーカー議員は外交委員長を務める。

歴訪諸国の順番というのは、とくに意味がないという見方もあるが、外交ではこの種のシンボリズム（象徴性）が重要だとする思考が一般的である。

しかもシャーマン演説は日本については韓国に関して米韓両国間の貿易関係や同盟関係を強調した後に、「韓国と同様に、日本もアメリカの同盟国であり、緊密な友邦である」と、いかにもつけたりのような表現で言及を始めていた。

尖閣をめぐる「中国寄り」姿勢

第二にはシャーマン次官が三国についてそれぞれ語った分量である。

同次官は中国についての演説の全記録のなかでは約50行、それに対し日本についての言辞は29行という比率だった。もちろん言葉の分量で外交政策の重要性の区分はできないが、この種の公式演説では有力な指針となる場合が多い。

韓国だけについての演説部分は同じ記録で測ると20行以下だったが、日本部分のうちの15行ほどはイスラム過激派「イスラム国（ＩＳＩＳ）」による日本人二人の殺害についての慰めや助言だった。同盟相手の日本との特別なきずなや日本の国際平和への貢献への言及はほとんどなかったのである。

第三はシャーマン次官の尖閣諸島に関する同盟国らしくない言辞だった。

尖閣諸島の問題について同次官は次のように述べていた。

「私たちは近年、日本が施政権を保ち、中国は以前の中華体制の一部だと主張する尖閣諸島をめぐる緊迫をみてきた。日本は中国の急速で不透明な防衛強化に警戒を向けている。中国は日本の防衛政策のいかなる変化にも神経を尖らせている」

以上の発言はアメリカとしての自主的な立場をツユほども述べていない。アメリカが尖閣諸島を日米安保条約の適用範囲とするという重大な政策にも触れない。尖閣諸島はかつてアメリカが施政権を保ち、沖縄とともに日本に返還したときには日本の領有権までも暗黙に認めていた経緯は完全に無視である。しかもオバマ政権は尖閣問題に関して「現状を非平和的な方法で変えようとする試みには強く反対」という立場を表明しているのに、中国側が日本の尖閣領海に実力行使の形で一方的かつ頻繁に侵入してくる事実もまったくの無視なのだ。要するにシャーマン演説も尖閣問題に対してはアメリカはまったくなんの関係もない第三者という姿勢であり、同盟国らしい対応は影も形もみせないのである。

「日米同盟」とはなんなのか?!

第四はシャーマン次官の中国に対する宥和的な言辞である。

同次官はこの演説でアメリカの中国に対する関与政策を最も熱心に説いていた。「アメリカの対中政策はニクソン政権からオバマ政権まで一貫して関与の重要性を保持することだった」「米中関係は成熟するにつれ、両国の指導者たちは率直に意見を述べあう能力を身につけた」という調子である。中国側の人権や自由の弾圧についても「アメリカ側はこれらの問題を提起するが、それは歴史上、その種の人権を尊重する国のほうがより繁栄するからだ」と、きわめて弱腰の語調なのだ。

いま東アジアでの国際緊張の最大要因だともいえる中国の大規模な軍事力増強に対してはシャーマン次官はアメリカ自身としての批判はなにも述べなかった。前述のように「日本が警戒を向けている」というだけで、まったくの他人事というふうなのである。

このあたりにもオバマ政権が中国に対してはとにかく対立や非難を避けるという基本路線があらわとなっていた。そして中国の歴史的な規模の軍拡と野心的な領土拡張に対して日本側が防衛力を少しでも増強しようとする動きも、アメリカには無関係な、どちらかといえば好ましくない事態のような位置づけなのだ。

要するにシャーマン演説はアメリカが日本の同盟パートナーであり、中国の危険な軍事攻勢には日本と共同で対応する、というような構えを感じさせないのだ。オバマ政権にとっての日米同盟というのは一体、なんなのか、という疑問にまでつながる点だといえる。

シャーマン国務次官の演説には以上のような特徴があるのである。

オバマ政権の残り任期は1年10か月、日本としてはまだまだ同盟相手としての依存を続けなければならないのだ。その相手の対日政策、対中政策には歴代のアメリカの政権とはかなり異なる、こうした特異性があることを改めて銘記しておくべきだろう。

(2015年3月4日)

中国軍の脅威を「危機」と受け止めるアメリカ
ワシントンの討論会で日米間の認識ギャップが浮き彫りに

ブルッキング研究所の討論会

中国の軍拡による直接の脅威はどうみてもアメリカよりも日本にとって深刻だろう。地理的な距離をみても、中国の尖閣諸島奪取の意気ごみをみても、中国の一貫した激しい反日言動をみても、その軍事力の大増強は日本に大きな威圧を与えるはずである。だが日米両国の受け止め方をくらべてみると、アメリカ側の方が脅威感を認知する度合いがずっと高いことがワシントンの討論会で印象づけられた。日本側の中国の軍拡への認識は鈍いといわざるを得ないのだ。オバマ政権の対中ソフト政策にもかかわらず、アメリカ全体となると、もっと厳しい認識をみせるのだ。

この日米ギャップは'15年2月27日にワシントンのリベラル系の大手研究機関ブルッキングス研究所が開いたシンポジウムで露呈された。「中国の安全保障・外交政策＝日米の見解比較」と題する討論主体の集いだった。その内容はタイトルどおり、中国の安保がらみの動向を日本とアメリカはそれぞれどうみるのか、その比較だった。

シンポジウムではアメリカ側5人、日本側4人の民間の専門家や研究者たちが中国の対外戦略を論じた。とくに焦点は中国の軍事力増強の日本への意味などについてとなった。だが結論を先に述べるならば、アメリカの基準では中国に融和的な民主党系リベラル志向の組織の主宰する討論会であるにもかかわらず、アメリカ側から中国の軍拡へのきわめて厳しい見方が述べられたのに対し、日本側はまったく鋭さに欠ける反応だったのだ。とくに日本にとっての脅威に対し米側専門家の方がより深刻で重大な懸念を示したのである。日本側では脅威認識の低さに加えて、中国の軍拡への対応策がなにも示されないことも米側とのコントラストを描いたのだった。

中国人民解放軍が陸、海、空の各軍、そして宇宙から核兵器、サイバー攻撃、各種ミサイルなど多方面の大規模な軍事能力の増強を進めていることはすでに広く知られている。このシンポジウムではまず日本側主体の「中国の人民解放軍は日本の本土への攻撃ではどの程度の能力を有し、脅威なのか」という設問が出た。これに対して米側の論者の答えが日米ギャップを明快に印象づけた。

アメリカ国防総省の中国軍事担当の部署を歴任し、現在は「海軍分析センター」中国研究部長のデービッド・フィンケルスタイン氏が「中国軍の日本本土攻撃能力は、もうずっと以前から存在し、いまその能力の有無を初めて議論するような態度には当惑する」と応じたのだった。同氏はその少し後の発言で中国軍の中距離ミサイル多数が長年、日本本土を攻撃範囲に収めていることを指摘し、「日本本土への脅威」が存在してきたことを強調して日本側の認識との差をさらにみせつけた。

「中国軍増強」は日本への重大脅威

日米のギャップはそれだけではなかった。

日本側の見解を代表する形で　中国軍の近代化の名の下での大増強の原因や理由についてアメリカ側の「スティムソン・センター」の主任研究員となっている日本外務省出身の辰巳由紀氏が「日中のミラー・イメージ（左右対称）」という表現で、中国側の軍拡は日本の動向に駆られた「日本への反応」ではないか、という見解を述べた。

ところが、フィンケルスタイン氏はこれに対しても「中国軍の近代化は日本の動向とは直接、なんの関係もない」と述べ、日本側の自虐的な見解を排したのだった。同氏は中国が江沢民主席の下で'93年ごろからアメリカや台湾を主対象として大規模な軍拡を始めたという経緯を詳述した。日本の防衛態勢や対中政策のいかんにかかわらず、中国は20年以上前から国策として軍事力の大増強を実施してきた、というのである。

だが中国軍の増強が結果として日本への重大な脅威となることは自明だといえる。アメリカや台湾を主対象としての軍拡であっても、その能力の一端は明らかに日本への威圧となっている。尖閣諸島には中国はとくに強大な海軍力、空軍力を基盤にしての侵入を続けているのだ。中国側が日本の防衛の状況を気にするのも当然だといえよう。

こうした点についてはアジアや欧州の軍事問題の研究でも知られるブルッキングス研究所外交政策研究部長のマイケル・オハンロン氏は「中国のいまの対外戦略は日本への敵意そのものだといえる」と述べた。中国が軍事力を威圧の手段として使い、日本への種々の攻勢を強めている現状を総括したのだ。同氏は「中国の対外政策の柱は日本への嫌悪であり、その背後には過去の屈辱を晴らすという歴史上の不満がある」とも述べ、中国批判をにじませながら、日本は軍事面でいま中国のそうした脅威に対応する抑止措置をとるべきだという意見を表明した。

「日本は防衛費を50《パーセント》増加せよ」

日本側では防衛研究所主任研究官の飯田将史氏が中国の軍事政策を説明し、「挑発的」「冒険主義」などと評して、ある程度の日本への危険性をも指摘した。飯田氏は中国側の日本の領海への頻繁な侵入をも強調したが、そうした中国の動向をはっきり日本への脅威と呼ぶにはいたらなかった。日本側が中国の軍事脅威に対しどうすべきかについてはまったく言及がなかった。

日本側では東京大学教授の高原明生氏と早稲田大学教授の青山瑠妙氏もパネリストとして見解を述べた。高原氏は中国の日本非難の主張が事実と反する点が多いことを具体例をあげて指摘した。青山氏も中国の対外戦略全般、とくに国際秩序への挑戦などに焦点を絞った報告をした。だがいずれも日本への軍事的脅威の強調や日本のそれに対する対応策の提言はなかった。

ところが、オハンロン氏は安倍晋三政権の防衛政策に支持を表明しながらも、「日本はいまの防衛費を少なくとも50《パーセント》増加してＧＤＰの１・５《パーセント》まで引き上げれば、中国の抑止やアジアの地域安定に大きく寄与する」と具体的な提案をした。

中国の軍拡への対応の勧めだった。

フィンケルスタイン氏は中国軍の日本照準部分の脅威を中距離ミサイル配備や新型潜水艦増強といった点に明確に絞って強調したうえで、日本政府に対しアメリカと共同でのミサイル防衛網の構築にこれまで以上の力を注ぐことを訴えた。

米側代表たちのこのへんの発言や提言は日本側の消極姿勢とは対照的であり、日本側との温度差をみせつける結果となった。

（2015年3月11日）

中国の「人工島建設」を阻止せよ！

米国議会上院の超党派有力議員たちがオバマ政権に緊急書簡

南シナ海での「領有権拡大」で

「アメリカは中国の南シナ海や東シナ海での野心的な領有権拡大を抑えるため、最近の中国の海洋での一方的な埋め立てでの新たな人工島づくりを阻止せよ」――。

アメリカ議会上院の超党派有力議員たちがオバマ政権に緊急書簡を送り、実力行使をも含む強固な対策の実行を要求した。中国は東シナ海でも同様の一方的な領土拡大を図っており、日本にも影響の及ぶ動きだといえる。

中国は南シナ海での領有権拡大のために、海洋の岩礁や浅瀬に大量の土砂や土台を埋め立て、新たな島や陸地にする作業をこの1，2年、大規模に進めてきた。とくに南シナ海でベトナムやフィリピンと領有権を争うスプラトリー諸島（南沙諸島）のもともとは島ではなかった岩礁や浅瀬に土砂などを大量に埋め、新しい島にしてしまうという強引な方法である。

スプラトリー諸島全体の領有権がそもそも紛争中で決定していないのに中国当局はその大部分を一方的に軍事手段で占拠してきた。そのうえにその海域の数か所にこんどは人工島を造成して、軍事基地にするというのだ。国際法上でも外交規範に照らしても、露骨な無法行為だといえる。

アメリカ側の情報によると、中国当局は過去12か月ほどの間に埋め立て作業によってスプラトリー諸島のガビン礁に11万4千平方メートル、ジョンソン礁に10万平方メートル、フィアリークロス礁に1キロ平方メートルの新たな島や陸地をそれぞれ築いた。とくにフィアリークロス礁の人工島には長さ3千メートルもの滑走路が建造されつつあるという。これら3か所の埋め立て陸地の広さは合計すると1・2キロ平方メートルほどで、竹島の6倍、日比谷公園全体の6倍以上の面積となる。

中国当局は関係各国からの非難に対して「自分の家の庭でなにをしようが他国から抗議を受ける理由はない」（王毅外相）と一蹴している。

共和、民主両党の議員4人が

中国のこうした行動に対し上院の軍事委員会と外交委員会の共和、民主両党の中心議員4人が連名で'15年3月19日、オバマ政権に対して強固な対応でこの埋め立て作業を阻止することを求める書簡を送った。軍事委員会では委員長のジョン・マケイン議員（共和党）と民主党筆頭委員のジャック・リード議員、外交委員会では委員長のボブ・コーカー議員（共和党）と民主党筆頭委員のボブ・メネンデズ議員が名を連ねた。書簡のあて先はアシュトン・カーター国防長官とジョン・ケリー国務長官だった。

書簡の内容は中国の南シナ海、とくにスプラトリー諸島での埋め立て人工島造成は国際法に違反し、他国の船舶の航行の自由を阻むだけでなく、中国の軍事拠点としての威力のためにアメリカや他の同盟諸国の安全保障への重大な脅威になる、とまず断じていた。同書簡は「中国によるこれら人工島の軍事化はアジア・インド洋の全域の平和と安定に深刻な影響を及ぼす」と強調していた。

同書簡はまた「私たちもオバマ大統領と同様に中国が国際関係において建設的な役割を果たすことを期待している」と述べながらも、「中国の現在の強圧的でエスカレートする一方の海洋領土の拡大を放置すれば、アメリカやその同盟諸国がこれまで70年もの間、築いてきた地域全体の平和的な秩序が壊される」と警告していた。そしてオバマ政権のこれまでの対中姿勢は軟弱すぎるという示唆をにじませながら、「中国の埋め立てに象徴される平時の威圧的な行動を改めさせる新戦略の形成」を求めていた。

中国への「実力阻止」も視野に

同書簡はその対中新政策の基本として以下の点を提案していた。

▽アメリカ独自の中国の埋め立て作業阻止の安全保障手段を新たに考案し、実行する。

▽中国の埋め立てなど威圧的な海洋行動についての情報をより定期的に公表する。

▽これまでの対中関与行動を制限、あるいは停止して、中国の埋め立て作業に抗議する。

▽アジア地域の同盟国、友好国との防衛協力を深め、中国の埋め立てへの反対を強める。

同書簡は中国の埋め立て膨張作戦への「同盟国、友好国の防衛能力の強化を支援する」ことをも再三、強調して、場合によっては中国の一方的な動きへの実力阻止を試みる可能性をも示していた。

また同書簡は中国の海洋での一方的な領土膨張は東シナ海でもすでに実行されていると明記しており、東シナ海での中国の埋め立て作業にこそ触れなかったが、尖閣諸島も中国のその種の膨張戦略の対象であることを明らかにしていた。

アメリカの対外的な戦略や外交は行政府の大統領に一義的な責任があるが、議会でも上院の外交委員会や軍事委員会はそれら分野での予算承認を通じて大きな発言力を持っている。今回の書簡は明らかにオバマ政権のこれまでの対中政策が不十分だという前提からの要望書であり、共和、民主の両党の最有力議員たちが名前をそろえた点にも重みがある。

アメリカ議会でのこうした動きは、日本側としても注視しておくことが欠かせないといえる。


（2015年3月25日）

第3章

中国の「軍拡」を監視せよ！

中国 恐るべき軍拡が日米を分断させる
シンクタンク「AEI」の研究報告には日米同盟の危機が

大統領選のテーマは中国問題

中国がアメリカを揺さぶり、日本に新たな課題を突きつける。その課題は日本の戦後の国のあり方を根幹から問うことにつながっていく。だが、当の日本はその問いへの答えを考えようとしない。そのうえ、今度は中国が官民あげて直接に日本への攻撃に出てきた。まさに日本の国家の危機である――。

日本を取り囲む国際情勢をワシントンから見ると、こんな構図が浮かび上がる。そしてその情勢の危険性への日本国内の認識の不足が政局の混迷と合わさって、日本の前途への大きな暗影を投げかけるのだ。

アメリカは2012年秋の時点では大統領選挙に忙殺されていた。11月6日の投票日に向けて民主党のバラク・オバマ大統領と共和党のミット・ロムニー候補が激突し、国内の関心もその戦いの行方に集中していた。

選挙の争点は経済が一般の最大課題とあって、もっぱら経済がらみの内政の諸テーマに絞られてきた。そのなかで外交問題はあまり熱のこもった論争を呼ばないが、ほぼ唯一、両候補が身を乗り出して語るのは中国だといえる。アメリカにとって、中国の重みは異様なほど大きくなってきたのだ。

9月中旬に入り、エジプトやリビアでの反米運動がアメリカ国内を揺さぶるようになったとはいえ、対外問題では中国が一貫して最大級のテーマだったといえる。オバマ、ロムニー両候補とも自党からの指名を受諾する党全国大会の演説では、中国問題に熱をこめて触れていた。

オバマ政権は、すでに前年秋から中国に刺激された形のアジア戦略最重視の新政策を打ち出していた。簡単にいえば、イラクやアフガニスタンからの米軍の撤退でゆとりができた分の兵力をアジアに追加配備するという政策である。その原因は、中国の過激な軍事力増強と攻勢的な拡張戦略だった。

中国の軍拡やパワーの膨張はもちろん新しいニュースではない。中国は実際の軍事費の2分の1から3分の1ほどしか公開していないが、その公開部分だけでもこの20数年、毎年、パーセンテージで2ケタの増加を重ねてきた。しかも、中国自体への軍事脅威というものはないのに、人民解放軍は長距離核ミサイル、戦闘機、潜水艦、駆逐艦、空母から宇宙兵器、サイバー攻撃まで軍事のあらゆる領域で大増強を続けているのだ。

中国は尖閣諸島など海洋領有権の拡大も、その軍拡を背景として無法と呼べる乱暴な方法で進めてきた。南シナ海での国際合意を無視し、2国間の取り決めにも背を向けて、島々の獲得を続けている。尖閣問題を口実とする'12年9月中旬の中国各都市での反日デモや暴動と尖閣諸島の日本領海へのたびたびの侵入も、傍若無人である。

対中国との戦争シナリオまで

アジア太平洋全域での軍事覇権を求めるような中国のこうした動きは、早くからアメリカの真剣な懸念の対象となってきた。アメリカ政府も議会も国政の場で中国の動向を詳細に追って、その結果をアメリカ国民一般に伝えている。そのメカニズムはすでに報告したが、ここで改めて全体図を眺めてみよう。

一つには国防総省が毎年、『中国の軍事力報告』を作って、議会に送っている。議会には超党派の「米中経済安保調査委員会」という政策諮問機関があって、米中経済関係がアメリカの国家安全保障にどう影響するかを多角的に調査し、公表する。議会と政府合同の「中国に関する議会・政府委員会」という組織が、中国の人権や社会について調べ、発表する。中国政府の人権弾圧は、世界の普遍的な倫理から追及し、米中関係のあり方にも反映させるという認識から作られた組織である。

その他、議会の種々の委員会が中国や米中関係についての時の課題をすぐに取り上げ、公聴会で徹底して議論する。中国は常にアメリカの国政の場での主要テーマなのである。そのためにはCIA（中央情報局）とかNSA（国家安全保障局）という情報収集機関が総力をあげて、秘密にされがちな中国の軍事関連行動を常時、探っている。

アメリカ当局はこうした中国の軍事パワーの拡大がアジアでの同盟のきずなを根幹から変え始めたという認識からアジア太平洋地域での「空・海戦闘」という新戦略を練るようになった。この戦略は中国との実際の戦争のシナリオまでを想定し、その勝利のための攻撃措置と同時に、その戦争を防ぐための抑止措置を打ち出していた。たとえば「中国側の新型対艦ミサイルを破壊するための空軍・海軍共同作戦」「潜水艦とステルス機の対中合同作戦」というような有事そのものの措置である。

ただしこの「空・海戦闘」もまだ絵が描かれただけである。オバマ政権として最終決定したわけではない。その実現のための財政措置もとられていない。しかし年来のアメリカの対アジア戦略を中国の大軍拡という現実に合わせるためには、その戦略の変容（トランスフォーメーション）が欠かせなくなったというのだ。

中国軍が米軍基地を破壊する

この変容はアメリカのアジア戦略が現状のままでは空洞となり、本来の目的を果たせなくなるという懸念から出発していた。その本来の目的とは、まずアジア太平洋でのアメリカの領土や権益を守り、同盟諸国を守り、航行と飛行の自由を守り、戦争を防ぎ、安定を守るために、軍事力のバランスをアメリカ側に有利に保つこと、などだといえよう。アメリカはその目的に沿って、現在でも日本に3万6千、韓国に2万8千、第7艦隊に数万という規模の米軍兵力を駐留させている。

ところが今後を展望すると、このアジア戦略の目的、つまり日本をはじめとする同盟相手への防衛誓約を果たせない危険性が現実として広がってきたというのだ。ワシントンでも最大手のシンクタンク「ＡＥＩ」（アメリカン・エンタープライズ・インスティテュート）がつい最近、発表した「アメリカのアジア軍事戦略の変容」と題する研究報告がその点での警告を発している。アメリカのアジア戦略でも要となる日米同盟の危機だというのだ。

ＡＥＩ自体は共和党寄りだが、この報告はトーマス・マンケン元国防次官補代理やダン・ブルーメンソール元国防総省中国部長という歴代政権でアジア安全保障の実務を扱った専門家６人によって作られていた。党派性の薄い報告である。

この報告は中国の軍事脅威によるアメリカ側の同盟の危機として以下のような諸点をあげていた。

第一は中国軍によるアジア太平洋地域での米軍基地の破壊能力の拡大である。アメリカはアジアでは自国領のグアム島から日本をはじめ韓国などに一連の基地をおくことでアジア戦略や同盟の目的を果たしてきた。主として戦争の抑止と安定の保持である。だがいまや中国軍の中距離、長距離ミサイルの増強で有事には沖縄、三沢、岩国などを含むそれら米軍基地が一気に破壊される危険が現実となってきたのだ。

米国防総省の発表では中国軍は'12年現在、アジアの米軍や同盟国の基地を射程におさめる弾道、巡航両ミサイル合計1千800基を配備している。グアム島を直撃できる新型ミサイルも開発したという。ごく近年、アジア各地の米軍基地が中国のミサイルの前にきわめて弱体となってしまったのである。

第二の同盟の危機は、米軍の遠隔地への兵力投入能力を抑える中国軍の能力の拡大である。米軍はアジアでの有事、つまり戦争に際してはもちろんアジア地区の基地からまず出動するが、朝鮮半島での衝突でも中国の台湾攻撃、あるいは尖閣占拠でも、それ以上の兵力をハワイやアメリカ本土から投入することが必要となる。平時もその遠隔地への兵力投入、つまりパワー・プロジェクションの能力を保持しておかねばならない。

即応のそうした能力が逆に戦争を防ぐことにもなる。攻撃をしかける側は、米軍の大部隊がすぐに反撃してくるとなると、そもそもの攻撃をやめておこうという判断に傾く。抑止の効果である。

ところが、最近は中国軍が米軍のこのパワー・プロジェクションを大幅に阻む能力を開発してきたのだ。まずその代表がＤＦ21Ｄと呼ばれる対艦弾道ミサイルである。地上配備で射程1千500キロメートル、海上の大型艦艇、とくに航空母艦を標的とする。さらに中国は各種の攻撃型潜水艦も増強を重ねている。この種のミサイルと潜水艦の両方が米軍に対し「接近阻止」の威力を発揮するのだ。アジアの有事に米軍の応援部隊がなかなか戦場に着けないという危険が高くなってきたのである。まさに同盟の危機だといえる。

「核のカサ」はほころんでいる

第三の危険は同盟での「核のカサ」のほころびである。日米同盟でも明らかなように、アメリカは同盟相手の国が第三国から核兵器での攻撃や威嚇を受けた場合、自国の核で反撃、あるいは対応することを誓っている。

核の使用を考える第三国側は、超大国のアメリカが核の報復に出るかもしれないとなると、その使用を思い留まる。この機能が核抑止であり、アメリカにとっては自国への抑止ではなく、同盟国が対象だから「拡大核抑止」と呼ばれる。

アメリカが日本などの同盟国に対してもこの拡大抑止の誓約の下、核に対する保護を宣言してきたのは、一つには中国など潜在敵国の核戦力がアメリカ本土を大破壊するほどの威力に達していなかったからだった。ところが近年では中国軍はアメリカ本土に届く大陸間弾道核ミサイル（ＩＣＢＭ）や潜水艦発射の核ミサイルを大幅に増強してきた。アメリカがいったん中国に核兵器を使えば、アメリカもまた本土が大打撃を受けるというシナリオが現実性を帯びる。

そうなると、アメリカは同盟国のために核兵器を使うという誓約をどうしても揺るがせ、弱める方向へと傾く。この傾向が「核のカサ」のほころびなのだ。

以上の危機の状況が、日米同盟の空洞化、弱体化なのである。

この危機を指摘したＡＥＩの報告は日米同盟立て直しのために日本に対して「日本国内の基地のミサイル攻撃に耐えられる防御の強化」とか「米軍と共同での潜水艦戦力、対潜能力の強化」「南方諸島への対艦巡航ミサイルの配備」などを求めていた。アメリカ側では日米同盟の欠陥や東アジアでの中国の攻勢に、これほどの警戒と懸念を抱いているということなのだ。

だが、当事国であるわが日本はどうだろうか。

近年は防衛費は事実上、削減されてきた。国政の場で自衛隊の戦力増強などは話題にもならない。そもそも日米同盟をいまや骨抜きにしかねない中国の軍拡への懸念も、国政の次元では表明されることがまずない。まして自国の周辺の安全保障環境や自国の防衛のための具体的な措置が論議されることもない。

戦後の日本には憲法という呪縛があって、他の主権国家なら自明の自国を守るという概念が軽んじられ、排されがちのままできた。そんな状態もアメリカに防衛でも安全でも、すべて頼ってすむ時代であれば、問題はなかった。だがいまやアメリカが日本の防衛貢献の拡大を求め、頼る環境となったのだ。そんな現況での日本の対応は国自体の興亡に関わる重大な選択なのである。

（2012年10月）

中国の「新兵器」——無人機から宇宙兵器まで

元CIA専門官らが警告する尖閣諸島への無人機戦略を明かす

2年半で次のステルス機開発

日米両国は、ともに中国の動向には注意を払っている。だが、それぞれの視線の向け方はかなり異なる。その最大の相違点は、中国の軍事動向の観察といえそうだ。

アメリカでは中国人民解放軍の近代化の名の下での大増強に対しまず事実を追い、実態を公表し、懸念を述べて対策を論じる。日本では中国の軍拡の事実さえ、国政の場でも学界やメディアでも、ほとんど無視されたままである。

そんななか、この'13年9月9日、尖閣諸島近くに中国軍の無人機が飛来した。日本側が設定する防空識別圏に入ったため航空自衛隊機が緊急発進した。尖閣をめぐる日中対立の新たな緊迫への展開だった。

日本側には驚きと懸念が広まった。中国のこの無人機は新型の「翼龍」（英語名・プテロサウルス）という機種だと目された。

ところがこの尖閣への中国の無人機の飛来を1年近くも前に米側で予測していた専門家集団があった。ＣＩＡ（米中央情報局）の元専門官たちが作った国際安全保障の研究調査機関「リグネット」である。

同機関は'12年10月、中国が尖閣諸島への自国の主権の主張に無人機を多用する戦略を進めていることを明らかにする報告を発表していたのだ。しかもまず飛んでくる無人機は「翼龍」だろうとも予測していた。

中国側は将来、無人機をフリゲート艦あるいは新配備の空母「遼寧」から発進し、尖閣領空に侵入させ、偵察を進める戦略だともいう。意図はもちろん日本側の主権や施政権を弱めることである。

そんな実績のある「リグネット」が、さらに中国軍の新鋭兵器について、無人機に次いで第2の実例として指摘したのはステルス戦闘機だった。ステルスとは周知のように「見えない」、つまりレーダー捕捉の難しい機能を指す。そんな中国機の出現はもちろん日本の安全にも重大な脅威となり得る。

「リグネット」の'13年9月の報告は中国軍が最新鋭ステルス戦闘機Ｊ（殲）31の一連の

テスト飛行を成功裡に終えたことを伝えた。

実は中国は類似のステルス戦闘機の初の実験飛行を'11年1月にすませていた。J20の開発だった。この飛行は当時のロバート・ゲーツ国防長官の訪中の最中に実施された。米側に衝撃を与える意図だろう。中国側がその2年半ほど後に、すぐ2機目のステルス戦闘機を開発したことは、米側にはさらに驚異だったという。

原潜が「広い海域」で活動する

今回、初のテスト飛行の成功が明らかとなったJ31は、J20よりも小型で軽量、当初は地上発着だが、やがては空母からの発進用にも配備される計画が明らかとなった。

「リグネット」は中国のこうした動きを次のように分析していた。

「ともに第五世代戦闘機のステルス2種類を短期間に開発することは、米空軍の優位への正面からの挑戦を意味する。とくにJ31は米軍が'17年から本格配備を始めるF35ステルス戦闘機に機能が酷似しており、十分に対抗する能力を持ちそうな点が、米側に懸念を生んでいる」

J31の実際の効果や目的については、以下の点が指摘されていた。

「J31の開発はアジア諸国に対し中国がアメリカに対抗する空軍力保有国としての浮上を誇示する。同機はアジア地域での領有権やエネルギー資源をめぐる紛争で中国がその解決に空軍力をも使うという選択肢の存在を印象づける」

「領有権の紛争での空軍力行使という選択肢」という点は日本にとってとくに気がかりだ。当然、尖閣諸島をめぐる対立で、中国がこの新たなステルス戦闘機を使う可能性を思わせるからだ。

「リグネット」の第3の指摘は、中国の最新鋭の戦略原子力潜水艦だった。最新の報告で中国軍が094型「晋」級1隻を'14年から実戦配備し、定期的な航行を始めることへの警告を発したのだ。

「晋」級は最大射程1万4千キロメートルまでの潜水艦発射弾道核ミサイル（SLBM）を1隻に12基ずつ装備することを目指していた。中国海軍ではすでに3隻を完成させたが、これまでは港に停泊中か、中国沿岸に至近の海域での動向しか知られていなかった。

ところが技術の進歩や操縦の練達で、うち1隻が中国沿岸を離れ、南シナ海、東シナ海、西太平洋などの広い海域で活動できるようになったというのだ。しかも、SLBMも計画どおりに整備されてきたという。

この展開は西太平洋での米中戦力のバランスを変え、中国の「尖閣奪取」への新たな武器ともなりかねない。なぜなら中国の米側への核攻撃能力が大幅に高まるからだ。

「リグネット」の分析によると、米中衝突の最悪シナリオの核での戦闘では、中国側は米側の本拠を確実に攻撃するには地上の固定サイロに配備された少数の大陸間弾道ミサイル（ICBM）に頼るしかなかった。アメリカの先制攻撃でその地上の核戦力を破壊されると、中国にはもう報復の方途がなかった。だがそれが変わってしまうという。

「腕」を出して他の衛星を破壊

「これまでは『晋』級もアメリカ本土に近い海域まで出なければ、核ミサイルの同本土攻撃はできず、米側の攻撃型潜水艦に妨害される確率が高かった。だが『晋』の性能向上で中国本土近くからでも米側本拠に核ミサイルを撃ち込めるとなると、対米核抑止力が飛躍的に強くなる」

この変化は米側の核抑止力の弱体化に繋がる。そうなると同盟国の日本の安全保障も影響を受けるわけだ。

第4は中国の宇宙兵器の新たな展開である。「リグネット」は'13年10月に「中国の新たな宇宙計画がペンタゴンを警戒させる」という報告をまとめた。中国が宇宙で、他の衛星の破壊を任務とする特殊な衛星の打ち上げと機能実験を終えたという。

同報告によると、中国は「衛星破壊プログラム」を進めており、'13年7月に「革新3号」「試験7号」「実践15号」という軍事衛星3基を同時に打ち上げた。このうち1基は衛星内部から外部へ「腕」のような突出物を出し、宇宙を移動中の他の衛星を破壊する機能を持つ。そのための実験をすでに実施したという。

米軍が平時戦時を問わず、人工衛星に全面的に依存することに対し、中国側がその妨害作戦として衛星破壊の能力を伸ばしていることは、すでに広く知られてきた。

「リグネット」の報告は中国が'12年だけでも、この種の軍事目的に供する人工衛星11基を打ち上げ、さらに'15年末までに100基以上を打ち上げる計画があることを強調していた。アメリカを相手とする宇宙戦争を挑む態勢のようなのだ。

中国軍のこうした無人機、ステルス戦闘機、戦略原子力潜水艦、宇宙兵器の増強は、いずれもアメリカだけでなく、日本の安全にも不吉な影を大きく広げるのである。

（2013年11月）

中国は「海&空制圧作戦」で日本を威《おど》す
小型戦闘艦配備や空母建造に加え空軍力で威圧してくる中国

「米中経済安保委」が威圧指摘

中国の尖閣諸島奪取の強引な戦略がますますはっきりとしてきた。日米両国だけでなく韓国や台湾にまで衝撃を与えた唐突な「防空識別圏」の一方的な宣言も、その強硬な手法の一端だといえる。

「中国は国威の発揚のため軍事力の増強と国内のナショナリズムの扇動で無理やり尖閣諸島を自国領にしようとしている。日本とは和解も妥協も望まず、国際合意も尊重しない。あるのは威嚇によって日本に尖閣の領有権、施政権を放棄させる『威圧』戦略だけなのだ――」

この主張は日本側の一部の反中強硬派の言ではない。アメリカ議会の権威ある機関が打ち出した総括である。尖閣をめぐる日中対立への第三者の立場からの見解なのだ。

しかし、中国側の日本領海への頻繁な侵入などをみれば、現実の動きがまさにこの見解を裏づけるようになってきたといえる。日本としては中国との「永遠の摩擦」を覚悟せねばならないだろう。たとえ日本側がなんらかの譲歩をしても、中国側は決して譲歩はしないのだ。

だから日本は中国の威圧に屈しない国家意思や日米同盟に基づく抑止力を保たねばならないだろう。でなければ、尖閣諸島を中国側に譲るという国家主権破綻の道が残るだけとなってしまう。'14年の日本は自国領土の保全のために、こんな厳しい展望に直面しているのだ。

中国の対日「威圧」を指摘したのはアメリカ議会の超党派の政策諮問機関「米中経済安保調査委員会」である。いまのアメリカで官民あわせて中国研究では最も大規模、長期的な組織だといえる。上下両院の有力議員が任命する計12人の専門家の委員が主体となり、テーマごとにさらに他の専門家を招いて中国の内外の動きや米中関係のあり方を分析し、政策を提言する。

その調査委員会がごく最近、作成した'13年の年次報告で中国の東シナ海での領有権主張の進め方を、次のように特徴づけていた。

「中国はこの紛争を多国間の交渉、あるいは国際法の適用、さらにはなんらかの裁定のプロセスによって解決しようという意図がないことがますます明白となってきた。そのかわりに相手国（の日本）に圧力をかけて、中国の主張に向けて譲歩させる強制的な戦術を支えるためのパワーを拡大している」

この部分の分析でのキーワードは「強制的」という表現である。英語では“coercive”という言葉だ。辞書では「強制的」「弾圧的」「威圧的」とされている。つまり物理的な力の行使、あるいは行使の脅しで相手に無理矢理にこちらの要求をのませることである。そこには妥協も協議も交渉もない。

小型戦闘艦が近海での戦闘力

アメリカ側のこの報告は「中国の海洋紛争」という章でさらに次のように指摘していた。

「中国の最高指導者たちは自国の海洋領有権主張を共産党の統治の正当性に欠かせないとみなし、国内の熱狂的なナショナリズムを煽って東シナ海や南シナ海での主権拡張に利用している」

「中国当局はそのために海洋警備機構を統括し、公艦や海軍艦艇を増強しながら常時、配備して、自国の統治を誇示し、相手国を徹底して威圧しようとする」
つまりは共産党の永遠の一党独裁のために国内の反日感情を燃え立たせ、海洋紛争を利用するわけだ。そして「海洋警備機構を統括」という措置は'13年3月にすでにとられた。それまでは中国側は紛争水域には公安省や国家海洋局など計5部門からの準軍事公艦を出動させていた。米側の専門家が「5匹のドラゴン」と呼んだ5部局からの海洋警備の艦艇だった。

それが同3月に一気に統合され、公安省に指導される「中国海警局」一本になった。アメリカ側がさらに警戒するのは中国がこの準軍事艦艇を支援する「沿岸艦隊」を大増強し始めたことである。前記の報告が「海軍艦艇を増強」と指摘するのは、この点だ。

米国防総省の中国軍事力に関する'13年の年次報告は「中国海軍が南シナ海、東シナ海の沿海、近海での戦闘能力増強のために新鋭の小型戦闘艦の建造を進め、'12年だけでも6隻を完成させた」と記した。

この小型戦闘艦は「056型コルベット」（中国名・江島型）という1千400トンほどの近海用軍艦で、第1号艦は'13年2月に配備され、その後30隻の建造が予定されているという。

'20年までに国産空母を造ると

中国海軍は尖閣諸島近海のような近海、沿海での警戒や戦闘用にすでに各220トンほどの「022型ミサイル艇」（中国名・紅稗型）を60隻程度、保有している。

しかしとくに注視されるのは、その056型コルベットの急増ぶりである。この点に関連して米中経済安保調査委員会の同年次報告が「中国政府は海洋取り締まり艦艇を増強することでいま継続中の海洋紛争での相手国を威圧し、優位に立てるという自信を高めた」と断言していることは、日本にとって深刻な懸念を生む。

同報告は「中国は東シナ海、南シナ海での領有権を誇示するために航海や飛行に関する国際規範を自国にとって都合のよいように断片的に利用している」とも述べていた。この指摘からすぐに想起されるのは、中国の最近の「防空識別圏」の一方的な宣言である。尖閣をはじめとする一連の海洋紛争では、中国は空軍力をも重視しているのだ。

中国が突然、宣言した防空識別圏は尖閣諸島の上空をすっぽりと囲み込んでいた。もちろん同諸島が中国領土なのだと宣伝する意図だろう。同時にその一方的で強引な措置に、日本やアメリカがどう反応するかをテストするという狙いも露骨である。

それでなくても中国軍は海洋での空軍パワーを初の航空母艦「遼寧」の実戦配備で高め

てみせた。'12年9月に配備された「遼寧」は艦載機のJ15の発着訓練をも終えて、'13年11月下旬、台湾海峡を抜けて、南シナ海へと航行した。

旧ソ連のウクライナから購入されたこの空母は性能は低いとはいえ、中国軍初のパワー・プロジェクション（遠隔地への兵力投入）能力を持つ。尖閣周辺での新たな空軍力になりうるのだ。従来なら地上基地からしか発進できなかった戦闘機群が海上からでも飛べることになるのである。

しかも前述の米中経済安保調査委員会の年次報告は、アメリカ当局の情報として中国が今後、自国製の空母の建造を始め、'20年までに1隻、'25年までにさらに1隻を完成させる、と述べていた。中国当局が海洋での空軍力を大幅に増強しようと決意していることの表れだろう。尖閣諸島付近の中国側の防空識別圏の強化にもつながる動きだといえる。

新しい年の日本は尖閣諸島防衛のためには、こうした中国の海と空での威圧の挑戦を受けるのである。

（2014年1月）

自衛隊が最も警戒すべき中国「5つの兵器」

アメリカで研究されている日中衝突のシミュレーションとは

中国軍「新鋭兵器」の威力を暴く

日本と中国との尖閣諸島での軍事衝突の危険がワシントンの軍事専門家たちの間で現実の可能性として語られるようになった。その衝突がどのような規模と形態となるのか。その予測こそ難しいが、中国側が強化を続ける軍事態勢のうち日本側がとくに警戒すべき兵器5種類がこれら専門家によって指摘された。尖閣をめぐる衝突の危険を踏まえながら、「日本側が恐れるべき中国軍の5種類の兵器」に注意せよ、と警告するのだ。

ワシントンでは中国人民解放軍の動向の研究が活発である。やはりアメリカの国家安全保障にとって、また国際情勢にとって、中国の軍事面での動きが最大の懸念の対象だということだろう。共産党一党独裁の中国の政治システムでは、軍事動向はいつも秘密のベールに包まれている。米側にとっては特別の情報収集や戦略分析が欠かせなくなるわけだ。

ワシントンでのそうした中国軍事研究でも最近は中国と日本の軍事衝突の危険性を語る向きが増えてきた。いうまでもなく尖閣諸島をめぐる日中両国の対立のエスカレートの可能性である。その日中軍事衝突についての議論はきわめて具体的な形をとる。日中両国の部隊がたとえ偶発にせよ、交戦状態となったらどうなるのか。当初はどんな形で戦闘を起こし、どんな形でそれが発展して、どんな結果を迎えるか。米側関係機関ではシミュレーション（模擬演習）に近い具体的な研究がなされているのである。

そうした研究のなかで最近、とくに関心が集まるのは中国軍の新鋭兵器である。中国軍が万が一、日本の自衛隊と交戦する場合、どんな兵器がどんな威力を発揮するか。この点は日本の同盟国であるアメリカの軍部や政府にとっても他人事ではない。アメリカ側のその点での研究の成果をまとめた論文がこの'15年1月中旬、発表された。

『ナショナル・インテレスト』いう外交・安保・政治雑誌の最新号に掲載された「日本が恐れるべき中国軍の戦時の5種の兵器」というタイトルの論文である。筆者はカイル・ミゾカミ氏、アジアの安全保障などに詳しい記者で、アメリカの中国研究の専門家たち多数の見解をまとめた形をとっている。

同論文は尖閣諸島をめぐる日中対立が実際の戦闘へと発展した際に、日本の自衛隊側への大きな脅威となる中国軍の兵器として以下の5種類をあげていた。

（1）J20ステルス戦闘機

この航空機は対空、対艦の攻撃能力の高い、レーダー捕捉の難しいステルス性能の第5世代最新鋭戦闘機。迎撃、爆撃など多目的の機能を有し、自衛隊の主力戦闘機F15Jへのこれまで最大の脅威となりうる。

尖閣有事ではJ20は日本側のF15Jを圧倒して、制空権を奪い、さらには沖縄や九州からの日本側の支援の兵員や物資の動きを遮断する機能を果たせる。

J20は現在、開発の最終段階にあり、これまですでに6回の試験飛行が実施された。最終の飛行は'14年11月と12月、米空軍ではJ20は'17年〜'18年に実戦配備されるとみている。

（2）S400地対空ミサイル・システム

多目標同時交戦能力を有する地対空ミサイル・システムで、1大隊がミサイル発射機12基、その1基ごとに4発の40N6ミサイルを装備している。40N6ミサイルは射程400キロ。1大隊が合計12基からあわせて48発の対空ミサイルを発射できる。

尖閣有事では中国軍はこのS400により日本の自衛隊や米空軍の航空機を中国本土かれでも攻撃できることになり、日本側の対潜哨戒のP3CオライオンやF15J戦闘機の威力が大幅に削がれうる。

S400は本来、ロシアで開発され、中国軍がその6大隊分を購入しようとしている。その対空ミサイル網としての性能は日本側が保有するPAC3パトリオット地対空ミサイル網を超えるとされる。

（3）071型揚陸艦

中国軍の尖閣攻撃作戦では尖閣諸島への地上部隊の上陸が決定的な目標となるが、そのための手段がこのドック輸送型輸送揚陸艦（Type071LPD）となる。同艦は約2万トン、約800人までの上陸用海兵隊、18隻の小型上陸用舟艇、4機までの輸送用ヘリコプター、1、2隻の水陸両用ホバークラフトなどを艦内に搭載できる。強襲の上陸作戦の準備をほぼすべて艦内で完了できるのが特徴だという。

中国海軍はすでにこの071型揚陸艦4隻を実戦配備している。うち3隻は南海艦隊に所属し、南シナ海や台湾を任務対象としている。他の1隻は東海艦隊に所属している。そのほかに1隻が改装中、他の1隻が建造中、その2隻は近い将来、東海艦隊に配備され、尖閣作戦にかかわる可能性がある。

中国の尖閣占拠で不可欠となる地上部隊の上陸にはこの071型揚陸艦の出動が唯一の

手段となる。しかし同艦からのヘリやホバークラフトでの少数兵員の強行上陸により、日本側の実力反撃を未然に封じてしまう見通しもある。

（４）ＤＦ21Ａ中距離弾道ミサイル

中国軍は日本全土を射程内に入れた中距離弾道ミサイルＤＦ21Ａをすでに自国内に多数、配備している。同ミサイルは射程２１５０キロ、固形燃料で'90年代なかごろから開発された。当初は台湾を標的とするミサイルとされてきたが、その後、性能の向上などによって日本との有事用とみなされるようになった。

同ミサイルの弾頭は非核の通常型が主力だが、核弾頭、化学兵器弾頭の装備も可能で、中国軍は有事の核の戦力や抑止の態勢のなかにも同ミサイルを組み込んでいる。命中精度はきわめて高いとみられる。

日本との有事では中国軍はＤＦ21Ａミサイルを日本側の空港、燃料保存所、政府機関施設、通信、防空の諸施設、自衛隊各基地などに対する攻撃に使うことをも想定している。同クラスの中距離弾道ミサイルのＤＦ21Ｄは中国軍の対艦攻撃力の主力として浮上してきた。米海軍の艦艇が台湾有事などで太平洋上の遠方から中国方向に進んでくる場合に攻撃をする「接近阻止」のための主力兵器とされる。

（5）ＩＬ78給油機

中国軍にとって日本との交戦では空での戦闘が致命的に重要となるが、中国側の主力空軍機のほとんどは本土から400キロほどの尖閣諸島には往復飛行ができるものの、700キロほど離れた沖縄、九州、本州などへの出撃にはＪ10戦闘機など、多くの空軍機は航行距離が長すぎることになる。そのために重要になるのが空中給油である。

中国軍はこの空中給油能力をまだ保持しておらず、'05年ごろからロシアのＩＬ78給油機の購入を試みるようになった。その購入はうまくいかなかったため、中国はウクライナに接近し、'14年末までに3機のＩＬ78機を買ったという情報がある。そのうち1機はすでに中国軍の配備対象になったという。ＩＬ78機は1機でＪ10機、20機に空中給油する能力があるとも伝えられる。

今後中国軍が複数の同機の配備に全力をあげていくことは確実であり、日中戦争でも中国側のこの空中給油能力の状況が決定的な要因となる。

以上が『ナショナル・インテレスト』誌に掲載された論文の要旨である。

「軍事衝突」という最悪の事態

尖閣諸島での対立を原因とする日本と中国との軍事衝突の危険がますます高まるとされる現状で、最悪の事態を想定する場合、この論文は日本側にとっては中国の軍事能力のどこが最も脅威なのかを、明示している。軍事衝突という事態はあくまで避けるべきだという大前提は自明だとしても、決して起こしてはならない最悪の事態をなお起きうる可能性のあるシナリオとして考えておくことは国家の安全保障には欠かせないだろう。そんな身構えにとってはこの論文での警告は非常に有益だといえよう。

（2015年1月21日）

安倍首相はなぜ「中国」の名を口にしなかったのか

「厳しい国際情勢」の中身を語らない首相の真意とは

中国人民解放軍のやりたい放題

安倍晋三首相は安全保障法案の説明でなぜ「中国」にまったく触れなかったのか――なんとも奇妙な現象だった。

日本の戦後の安全保障政策を根本から大きく変える一連の法案が'15年5月14日、閣議で決定された。集団的自衛権の限定的な行使を認め、自衛隊の国際平和活動への制約を減らすという趣旨の法案である。これから国会での熱い審議が始まるわけだ。

安倍首相はその法案の目的や背景を説明するため同14日、特別に記者会見を開いた。その会見での冒頭発言で首相は今回の安保政策の変更の原因となった日本をめぐる安全保障上の国際情勢の変化について語ったものの、そのなかの主要要因である中国の軍事力増強や軍事的威嚇にはまったく触れなかったのだ。いや「中国」という国名さえもただの一度もあげなかった。実に奇異な態度だった。

日本がいまなぜ戦後の安全保障の体制や政策を大きく変えて、日米同盟の強化や抑止力の増強を図ろうとするのか。その答えの第一が中国の軍事動向にあることには、いまの日本国内ではまず異論がないだろう。

中国の人民解放軍はここもう20年も一貫した大幅な増強を続けてきた。核兵器に始まり、多様なミサイル、戦闘機、航空母艦、巡洋艦、駆逐艦、潜水艦、そして宇宙兵器からサイバー軍事能力まで、目をみはるような増強また増強なのである。しかもその軍事力を遠慮なく誇示して、危険な攻勢や拡大の行動に出る。他国に対して軍事力を武器に領土や政治の案件での譲歩を露骨に迫る。その軍事がらみの大攻勢の最大の標的はアメリカについでわが日本だといえよう。台湾もその主標的ではあるが、日本とは別のカテゴリーとなる。

だからこそ安倍首相も新たな安保法案の推進の説明では、その中国の軍事脅威の増大をまず第一に指摘することが自然だったはずである。「国民の命と平和な暮らしを守り抜く決意」を語ったのだから。ただし一体、何からそれらを守り抜くというのかが、不明なのだった。

会見の冒頭発言で首相は日本をめぐる国際情勢の厳しさについて以下のように述べただ

けだった。

「この2年、アルジェリア、シリア、チュニジアでは日本人がテロの犠牲になった。北朝鮮の数百発もの弾道ミサイルは日本の大半を射程に入れている。そのミサイルに搭載できる核兵器の開発も深刻さを増している」

「わが国に近づいてくる国籍不明の航空機に対するスクランブル（緊急発進）の回数は10年前と比べて実に7倍に増えている。私たちはこの厳しい現実から目を背けることはできない」

以上が13分以上に及んだ安部首相の冒頭発言での日本への具体的な脅威や危険に関する言葉のすべてだった。中国の軍事脅威の指摘をことさら避けたとしか思えないのである。

安倍首相はこの冒頭発言の後の記者団からの質問でも同様に中国への言及を避けていた。日本を囲む「厳しい国際情勢とは具体的になにか」という質問に答えて、首相は次のように語った。

「日本を取り巻く安全保障環境は一層、厳しさを増している。北朝鮮の弾道ミサイルは日本の大半を射程に入れている。北朝鮮の行動は予測するのが難しいのが実態だ」

やはり中国は出てこないのである。一体、なぜなのか。

さらなる巡航ミサイルを開発

この疑問はおもしろいことに野党の民主党代表から安倍政権の中谷元防衛大臣に対してもぶつけられた。5月17日朝のフジテレビ「新報道2001」での討論だった。私もこの討論に参加した。主題は今回の安全保障法案だった。その全体テーマのなかで、まず「最大の謎」として提起されたのが、「安倍首相はなぜ中国に言及しないのか」という点だった。この提起は同番組のキャスト側のフジテレビの須田哲夫氏や平井文夫氏らからまずなされていた。

この疑問に答える役は安倍政権の中谷元防衛大臣だった。中谷氏は政府としてはもうすでに中国の軍事増強は何度も指摘したという趣旨を答えた。「いまでは中国側の日本の領海侵犯は毎月30回にも達し、(中国軍機への)スクランブルも何倍にも増えたので、そのことは明確に提起している」というのだった。だが安倍首相は現実に中国の名指しをみごとに避けたのだ。

中谷氏のこの答えに対してこの番組に野党の民主党を代表して参加した渡辺周衆議院議員がさらにおもしろい追及をした。渡辺氏は民主党政権で防衛副大臣を務めたこともある現実派の政治家である。

「安倍首相は『中国の脅威があるからこそ今回の措置を取るのだ』と述べるべきだった」民主党の年来の対中姿勢をみてきた私にとってはこの発言は意外だった。鳩山由紀夫元首相の例に象徴されるように、民主党の議員たちは対中融和姿勢をとってきた向きが多いからである。中国についても「軍事的脅威などと呼んではならない」とする意見が党内に多かった。'05年12月には外務大臣なども務めた民主党の前原誠司氏がワシントンでの講演で「中国は現実的な軍事脅威」と述べて、帰国後、同じ民主党内でさんざんに非難された事例がある。

だからその民主党の代表としてテレビ討論に出た渡辺氏が「安倍首相が中国の脅威を語らなかったのはおかしい」と責めるのだから、日本の安保論議も変わったものである。というよりも中国の軍事力の日本に対する脅威がどうにも否定できない明白な現実となって日本側一般で懸念されるようになったということだろうか。

いずれにしても安倍首相の言明は奇異だった。北朝鮮が日本を射程に入れた弾道ミサイル数百発を持っていると警告するならば、中国がそれ以上に大量の、それ以上に危険なミサイル類を日本を射程や標的に入れて配備している事実をなぜ指摘しないのか、ということになる。アメリカの国防総省筋の情報では、中国軍は日本をちょうど標的にできる射程

1千キロから3千キロまでの準中距離弾道ミサイル（ＭＲＢＭ）の増強にとくに力を入れている。その主力のＤＦ21Ｃは射程1千750キロ、配備数は100基程度で、ほぼそのすべてが日本全土を攻撃可能な範囲におさめているという。

　中国軍はさらに準中距離の巡航ミサイルの開発と配備を続けている。同じアメリカの国防総省筋の情報では、この巡航ミサイルの主力はＤＨ10と呼ばれる射程1千500キロほどの兵器で、中国軍の保有基数は200から500の間だという。これまたそのほぼすべてが日本を射程におさめているのだともいう。

　だから安倍首相が日本を射程におさめた北朝鮮のミサイルを語るのならば、中国の同種のミサイルについても指摘するべきだった。中国軍のミサイルはもっと多数なのである。しかも中国のミサイルは通常弾頭だけでなく核弾頭の装備が可能なのだ。この点、北朝鮮はいまミサイルの先端に装備できる小型で軽量の核弾頭の開発をやっと終えたという情報が伝わっているが、中国はその能力の取得や核装備はとっくに果たしているのである。

　しかも中国は尖閣諸島という日本固有の領土を明らかに軍事力で奪おうとして、武装艦船による日本領海への侵入を頻繁に続けているのだ。だからこそ日本はアメリカとの同盟を強化し、抑止力を高め、中国の軍事侵略や軍事威嚇を防ごうと努めねばならなくなったのである。こうした中国の軍事脅威こそがまさに今回の日本の安保法案の原因なのだ。だが安倍首相はその最重要部分をあえて語らなかったわけである。

その理由はなんなのか。

中国の反応を恐れたことも考えられる。中国を刺激して、強硬きわまる反撃を招き、肝心の安保法案の国会での審議に支障をきたすという事態を恐れたのか。あるいはアメリカのオバマ政権に配慮したのかもしれない。オバマ政権も中国の軍事拡張への反対や警告は厳しく表明しながらも、なお中国を名指しで非難することをためらう傾向がある。オバマ政権の誕生当時にとくにその傾向が強かった。ひょっとして安倍首相も、また首相に助言する側近の官僚たちも、このオバマ政権の中国へのためらいをそう意識しないまま範にしてしまったのだろうか。

これからの国会での安保法案審議では、なぜいま日米同盟強化なのか、という議論を主体に、中国の軍事脅威こそが今回の画期的な措置の最大の原因であり、理由なのだという点が明示されなければ、国民の支持も得にくいだろう。

（2015年5月20日）

「態度軟化」の中国が腹の底で考えていること

二階俊博氏が3千人を引き連れて訪中した裏側には

15年前の訪中と多い「酷似点」

中国の習近平国家主席が日本の観光業界関係者約3千人に対日和解とも思える歓迎調の演説をした。だがその言葉の行間には日本国内で安倍政権への批判をあおるという計算が露骨ににじみ、背後には最近のアメリカの対中硬化への戦略的な対応の意図が影を広げていた。

'15年5月23日の北京の人民大会堂での習主席の演説は一面、中国の対日政策の軟化をも思わせた。だがこの種の演説は多角的な解釈が欠かせない。同主席の言葉をよく吟味すると、日本への従来の批判や圧力はまったく緩めず、むしろ日本国内の分断を図るような意図があらわなことがわかる。

それにしても人民大会堂に異様なほど多数の日本人が座って、中国の国家主席の壇上からの言葉に耳を傾けるという光景は私にとってデジャビュー（既視体験）だった。産経新聞中国総局長として北京に駐在していた'00年5月、日本からの観光交流使節団という日本人訪中のグループ約5千人がまったく同様にしていたのだ。私もその場にいて、一部始終を目撃していた。その15年前の光景と今回の展開とは気味の悪いほど酷似点が多いのである。

当時も現在も日本側の主役は二階俊博衆議院議員である。中国側の国家主席は江沢民氏から習近平氏へと代わっていた。二階氏の肩書は当時は現職の運輸大臣、現在は自民党総務会長だが、自分の管轄あるいは影響下にある日本側の業界に指示を出して訪中者を大量に動員するという手法も同じだった。

二階氏は各政党を見渡しても代表的な親中派である。中国側の理不尽な言動にも一切、批判を述べないという点では二階氏は「媚中」と評されたこともあるが、日本の中国との関係をとにかく中国側が求めるような形で良好に保とうとする努力は長年、一貫している。

今回も人民大会堂の会場で習主席と会った際、習氏が単に片手で握手を求めたのに対し、二階氏は両手を添えて、相手の手を握り、しかもそのまま相手の手を高く持ち上げようとするという動きは、いかにも友好の強調、悪くいえば媚びてもみえる動作だった。

二階氏は会合での声明や習氏との挨拶でも、日中友好や民間レベルの交流の重要性をもっぱら説いていた。両国間の緊張を高めている中国側による尖閣諸島日本領海への頻繁な侵入、そして核拡散防止条約（ＮＰＴ）の軍縮会議での中国側による日本の「各国首脳の広島、長崎訪問」提案の削除など、目前の日中間の課題には二階氏はなにも触れなかった。要するになにがなんでもとにかく「友好」を唱えるという姿勢なのだ。

一方、習主席の言葉は対照的だった。「中日関係発展の重視」を語りながらも、「いまの日本で軍国主義を美化し、歪曲する言動は許されない」とか「日本国民も戦争の被害者であり、歴史の歪曲には（中国と日本国民が）ともに戦おう」などと述べたのだ。明らかに安倍晋三首相とその政権を日本国民から切り離して、安倍政権だけを非難するという「分断」の姿勢だった。

習主席は日本の遣唐使についても述べ、日本が中国への朝貢外交を続けていた歴史を現代の友好というオブラートに包むような形で語るのだった。

さて前述のように、今回の二階訪中団の動きと中国側の対応は'00年5月の5千人規模の二階訪中団の展開とあまりに似た諸点が多い。

まず日中関係が基本的に冷えこんでいる状況である。しかも日本の訪中団との北京での会合で国家主席が登場するのは意外だった点である。'00年も江主席が出てくることは事前には予測されていなかった。だが江主席だけでなく、胡錦濤国家副主席(当時)までいっしょに登場したので、日本側はびっくりだった。もちろん喜ぶ方向でのびっくりである。

今回も習主席の出席は日本側の一般には事前まで予測されていなかった。やはり日本側としては喜ぶ方向へのびっくりだったのだ。

中国の国家主席が日本との基本的な関係を良好に保つことの重要性を強調する一方、日本側の「歴史」への態度などを非難し、叱責するという部分も今回、前回まったく同じである。

訪中団の動きと国家主席の歓迎の挨拶の内容を中国側の官営メディアが大々的に報道したことも'00年と'15年と同じだった。

日米同盟の強化がポイントに

類似点はさらにより重要な次元でも指摘できる。

私は'00年5月の日本からの訪中団の動向と中国側の対応について当時、書いた記事のなかで以下の点を明記していた。中国側がその時点でなぜ軟化とも呼べる態度の変化をみせたのか。その原因についてだった。北京の日中関係に詳しい専門家たちの分析を聞いての記述だった。以下がその骨子である。
▽中国側が最近の日本国内での対中観の悪化を懸念するようになった。
▽米中関係が行き詰まりとなった。
▽日米関係が強化された。
当時の江沢民国家主席は'98年の訪日でも日本側に対して、歴史認識を「正しく持つ」ことを叱責するように要求し続け、日本国民一般の対中観をかつてなく悪化させていた。またアメリカでは当時のクリントン政権が中国の台湾への軍事恫喝などを理由に中国への姿勢を険しくしていた。同時に日米関係が一段と強固になっていた。こんな要因が中国に日本への融和ともみえる姿勢をとらせたという分析だった。

現状をみてみよう。日本側の反中、嫌中の傾向は激しくなるばかりだといえよう。中国側としては、ここらでなんらかの予防策を講じておかないと、日本側の反中意識は日中両国間での経済交流にまで悪影響を及ぼしかねないと判断してもおかしくない。私自身のうがった見方だが、最近、日本で激増している中国人観光客たちの傍若無人の言動も日本側一般の対中認識のかなりの負の要因になっているようだ。

一方、アメリカのオバマ政権は中国へのソフトな姿勢の保持に努めてきたが、中国側がそれに応じず、逆に強硬な手段をとる。南シナ海の紛争海域での一方的な埋め立て作業、さらにはフィリピンやベトナムへの軍事威嚇の数々、東シナ海での一方的な防空識別圏（ADIZ）の宣言などがあいつぎ、オバマ政権をすっかり硬化させた。そして最新の米中関係での摩擦の最大要因として南シナ海での中国の無法な埋め立て作業にオバマ政権がついに軍事艦艇をその至近海域にまで送りこむ構えをみせ始めたのだ。

中国はアメリカとの関係が悪くなると、日本への非難や叱責を緩めるのが年来のパターンである。アメリカと日本と、両方を同時に敵に回すことは得策ではないという判断からだろう。今回の状況がまさにそんなパターンを浮き上がらせる。

さらには日本とアメリカの関係が最近、より緊密になったことも明白である。とくに安全保障面での日米同盟の強化が顕著だといえる。安倍首相の訪米がその例証であり、原因だともいえよう。

中国は日米同盟に反対である。日米両国の同盟のきずなを減らすこと、なくすことは中国の国家戦略上の長期目標とさえいえよう。だから中国は日米共同のミサイル防衛や防衛ガイドライン改定など、日米同盟強化策にはすべて反対する。その逆に日米両国が同盟を薄めることには賛成する。日米同盟の弱体化を実際に企図するわけだ。そのためには日米離反の諸策は可能な限り、推進する。ちなみに奇しくもこれにぴたりと合致するのが朝日新聞の論調である。

最近の日米関係が安倍首相の訪米などにより、また一段と強化されたことは明白である。中国からすれば、これ以上の日米連携強化を防ぐためにも、また日本にきつく当たり、日本をさらにアメリカの方向へと追いやることは当面、自制する。いまの中国指導部はそんな対外戦術を考えているといえよう。

いずれにしても中国首脳部のいまの対日軟化にみえる動きは決して対日政策の基本的な変化ではない。外交的な戦術としての一時的な強弱、緩急の調整なのだといえよう。その調整のメロディーに二階俊博氏が伴奏をしてみせる。そんな構図としてとらえるのが適切だろう。

（2015年5月27日）

第4章

金正恩は核のボタンに手をかける?!

アメリカに届く核ミサイルを手にした北朝鮮
米海軍大将が明かした日本の「核の傘」が突き破られる現実

ついに弾頭の小型化を「達成」

北朝鮮がついに核兵器の小型化に成功し、新型の大陸間弾道ミサイル（ＩＣＢＭ）に核弾頭を搭載する能力を取得した――責任ある立場の米軍最高幹部の一人が'15年4月上旬、こんな言明をした。北朝鮮のこの能力取得はアメリカ本土に核弾頭を撃ちこむ能力の保持を意味しており、アメリカにとっての北朝鮮の核の脅威が本格化することとなる。日本にとってはアメリカの日本への「核のカサ」の侵食を意味することともなりかねない。

北朝鮮の核兵器開発への動きでは、北がいつ、どのように、核弾頭の小型化、軽量化に成功し、アメリカ本土にまで届く長距離弾道ミサイルにその核弾頭を搭載できるのかが、分水嶺となってきた。北朝鮮当局はすでにアメリカ本土への核攻撃の可能性を威嚇として語ってきたが、いざその現実の能力については米側では疑問視されてきた。

北朝鮮はこれまで核兵器の爆発実験は合計3回、実施して、そのたびに核爆弾の小型化と軽量化を目指してきた。この目標はアメリカや日本に到達する長距離、中距離弾道ミサイルに核兵器を弾頭として装備するためだった。アメリカ側の政府内外の専門家たちの間では、その核弾頭の小型化、軽量化の実態をめぐって多様な見解が表明されてきた。その大多数は北朝鮮はまだそのための弾頭小型化を果たしていない、という見方だった。

ところがこの4月上旬、米軍の北米大陸全体の防衛を任務とする米北方軍司令部のウィリアム・コートニー最高司令官（海軍大将）が国防総省の記者会見で次のように述べたのだった。

「私たちの評価としては、北朝鮮はいまやKN08弾道ミサイルに核兵器の弾頭を搭載し、アメリカ本土に撃ちこむ能力を有するにいたった」

この言明は北朝鮮の核武装に関してアメリカ当局がこの問題に取り組んできた過去20年ほどのうちで、最も重大な評価の反映だといえる。

KN08というのは、そもそも北朝鮮当局が'12年4月15日の平壌での軍事パレードで初めて登場させた長距離弾道ミサイルである。金日成主席の誕生100年を祝うこのパレードでKN08は新型の大陸間弾道ミサイル（ICBM）として紹介された。ただしこのKN08という名称は米側が便宜的につけた名で、北朝鮮がどう呼称しているかはまだ不明だという。当時この新登場の長距離ミサイルも単なる模型だけだとも推測されたが、その後、燃焼実験などが実行され、新型の移動可能な長距離弾道ミサイルで、射程は6千キロから9千キロ、全長18メートル、直径2メートルなどという性能が判明してきた。この射程だと北朝鮮からアメリカ本土の西海岸まで届くことが可能となる。

このミサイルについてコートニー司令官は次のようにも語ったのだった。

「北朝鮮はKN08ミサイルに搭載できるに十分な小型の核弾頭の開発に成功し、さらにその実際の搭載の能力を得るにいたった。ただしその核弾頭を同ミサイルには実際にはまだ搭載していない。同ミサイルの試験発射もまだのようだ。ただし同ミサイルは移動可能のため、実際の発射に対する米側のミサイル防衛網での迎撃は容易ではないが、現段階で阻止はできる」

北朝鮮が小型の核弾頭を実際にKN08にまだ搭載していないが、もう搭載の能力が確立されたのだともいう。アメリカ側はなお余裕をみせながらも、北朝鮮の核兵器開発の分水嶺突破を深刻に受け止めているという感じなのだ。

アメリカ本土への「核攻撃」が

アメリカは北朝鮮の核武装の展望に対して韓国や日本という同盟国には前述のように「拡大核抑止」という防衛の保証を誓約してきた。いわゆる「核のカサ」である。韓国や日本が万が一にも北朝鮮の核兵器による威嚇や実際の攻撃を受けた場合にはアメリカは同盟国として、さらに核大国として、北朝鮮に対して核の報復を加える能力と意図を明示しておくという核抑止力の態勢である。その核報復の姿勢の明示が北朝鮮側に核による威嚇や攻撃を思い留ませることとなる。だからアメリカが自国防衛だけの核抑止ではなく、同盟国防衛にもその核抑止を拡大して提供するという意味で「拡大核抑止」とも呼ばれてきた。

だが北朝鮮がもしアメリカ本土に届く核弾頭搭載ミサイルを開発した場合、米側から北への核攻撃は北からのアメリカ本土への核攻撃の危険を冒すことになる。だからアメリカが自国本土への最悪の事態での核攻撃を恐れるあまり、北朝鮮への核報復をためらってしまうという事態も考えられるようになる。となれば日本へのアメリカの「核のカサ」が崩れることを意味する。だから北朝鮮のアメリカ本土への核攻撃能力の取得は日本の防衛にも大きな影響を及ぼすわけである。

'15年4月下旬の安倍晋三首相のアメリカ訪問とタイミングを一にする日米防衛ガイドライン（指針）の協議でも日本にとっての拡大核抑止の揺れは主要な議題の一つとなることが予測される。その場合にも北朝鮮の長距離ミサイルへの核弾頭搭載の展望は日米両国にとって重大な試練になるといえよう。

（2015年4月22日）

北朝鮮非難の国際会議に日本の姿なし

在ワシントンの日本国大使館の責任はあまりに大きいが

CSISの北朝鮮シンポジウム

北朝鮮の人権弾圧を非難する大規模な国際会議がワシントンで開かれた。日本人拉致を含む北朝鮮の金正恩政権の非人道的な行為が糾弾された。国連代表をはじめアメリカ、韓国の政府高官らがこぞって出席し、北朝鮮を厳しく非難したが、日本は存在も主張もなかった。北朝鮮の日本人拉致事件の解決を国際的に訴えるのに絶好の機会だったのに、なぜ日本は不在だったのか。

この会議は'15年2月17日、アメリカ大手の研究機関「戦略国際研究センター（CSIS）」で開かれた。「北朝鮮の人権　今後の進路」と題され、副題には「国連調査委員会報告書1周年記念」と記されていた。内容は午前8時から午後4時まで3部に分かれてのシンポジウムで、討議の内容は日本人拉致を含む北朝鮮の人権弾圧だった。

この会議は日本にとっても意義は大きかった。安倍政権の主要公約で日本国民の悲願ともいえる「北朝鮮政府による日本人拉致事件の解決」が論題の重要部分だったからだ。しかも会議自体の国際性がきわめて高いのである。主催組織には前記のCSISに加えて、同じアメリカの「北朝鮮人権委員会」、「ジョージ・W・ブッシュ研究所」、さらに韓国の「延世大学人道センター」などが加わっていた。

この集会にさらに重みを加えたのは国連側の関与だった。北朝鮮の日本人拉致を含む大規模な人権弾圧を調査し、その全体を「人道に対する罪」だと総括した国連北朝鮮人権調査委員会（COI）のマイケル・カービー委員長、同次席のマルズキ・ダルスマン特別報告者、さらに委員のソンジャ・ビセルコ特別報告者の3人もこの会議に参加して、それぞれ演説し、質疑応答にも加わったのである。しかもこの3人に米韓両国側から感謝状が贈られた。

COIは'14年3月に北朝鮮の人権弾圧に関する詳細かつ長大な報告書を発表し、日本人拉致についても横田めぐみさんや田口八重子さんの具体例をあげて、北朝鮮の犯行を非難したのだった。報告書はもちろん結論として北朝鮮の金正恩第一書記の責任までを問い、日本人被害者たちの早期の全員解放を求めていた。だから、その報告書発表からほぼ一年、国連のカービー氏らが出てくる会議自体に、日本にとっての重大な意味が存在するのである。

しかもこの会議のアメリカと韓国側の出席者たちも重みを感じさせた。会議のパネルや演壇に立って、正式の発言をする人たちは合計ちょうど30人、オバマ政権を代表する形ではロバート・キングアメリカ国務省北朝鮮人権特使やカート・キャンベル元国務省東アジア太平洋担当次官補らが出て、演説をした。ブッシュ前政権の国家安全保障会議でそれぞれ朝鮮半島と日本を担当したビクター・チャ、マイケル・グリーン両氏もCSIS代表をも兼ねて参加し、活発に意見を述べた。アメリカの民間の「北朝鮮人権委員会」や「ハドソン研究所」「ブルッキングス研究所」の代表も討論者として壇上に並び、発言した。

一方、韓国側も朴政権を代表する形で李政勲政府人権大使、金文洙セヌリ党保守革新委員長らが出席した。いずれも基調演説に近い発言をしていた。延世大学の学者や月刊朝鮮の編集長だった保守の論客の趙甲済氏もパネリストだった。そのうえに北朝鮮の内部を知る脱北者の代表たちも参加して、政治犯収容所での虐待や北朝鮮から中国に逃れた難民女性たちへの迫害の実態をなまなましく証言した。

日本の主張は影も形もなし

討論全体の主要点は北朝鮮内部での金正恩政権による自国民への非人道的な弾圧におかれたが、日本人拉致も再三、提起された。とくに国連調査委員会のメンバーだったカービー、ダルスマン、ビセルコ三氏はそれぞれ「北朝鮮は拉致した日本人多数をいますぐ解放する責務がある」という趣旨の主張を強調した。米韓両国側の参加者のなかからも北朝鮮による外国人拉致、とくに日本人の男女の拉致の残虐性を指摘する発言が出た。

この会議自体、実は北朝鮮当局が非常に懸念し、その開催を妨げることをも試みていた。北朝鮮国連代表部で米朝関係を担当するチャン・イルフン大使が同集会の前日の16日、ニューヨークでこの集会を「わが国に対するアメリカの敵視政策の一環だ」として中止を求める声明を出していたのだ。この会議がそれだけ北朝鮮当局の痛いところを突く行事だったということだろう。北朝鮮当局に圧力をかけるという意味ではその開催自体が有意義だったのだともいえる。

ところがこの2月17日の大会議では、わが日本は声も姿もまったく表さなかった。日本人拉致という日本の国家にとっても国民にとっても重大な意味を持つ課題が論じられる国際的な会議に日本国代表はゼロなのである。日本人の拉致がこれだけ大きな比重で提起される場に日本側の発言がまったくない。日本側としての存在さえもゼロなのだ。

こんな実態はやはりワシントン在の日本国大使館の責任だろう。日本大使館は地理的にもこの会議の場のＣＳＩＳから徒歩で10分ほどの至近距離にある。この会議の開催予定はずっと以前からわかっていた。しかし明らかに、日本の声や姿をそこで明示する措置はなにもとっていないのである。

いくら米韓両国側が主導しての催しであっても、国連が加わり、国際的なドアは広く開かれていたのだ。日本はしかも北朝鮮の人権弾圧に関しては当事者の被害国なのである。

しかしわが日本の在米大使館も、外務省もなんの措置も取らない。こんな状況下での日本国としての積極的な対応こそが外務省のそもそもの存在理由だとさえいえるのに、そうした対応はなんの形跡もなかったのである。外務省は自国民の拉致事件の解決を一体、どのように考えているのだろうか。

今回の会議はこんな疑問や批判をいやでも提起させたのだった。

（２０１５年２月25日）

オバマ大統領が「北朝鮮はやがて崩壊」と明言

わが日本も有事のシミュレーションを想定すべきときだ

ホワイトハウスで北朝鮮に言及

アメリカのオバマ大統領が北朝鮮の金正恩政権の崩壊の展望を明言した。その崩壊を早めるには非軍事の圧力の強化が最も効果的だ、とも述べる——

北朝鮮は即座にオバマ大統領を「吠える狂犬」にたとえて反撃した。だがアメリカの大統領が北朝鮮政権の崩壊をここまで明確に予測することは注目すべきである。とくに日本にとってはそんな展望が拉致問題にどう影響するかが懸念される。

オバマ大統領は'15年1月22日にこの発言をしたが、アメリカでもあまり大きなニュースとしては報じられなかった。だがアメリカの大統領が北朝鮮の金正恩政権をここまで激烈に非難し、しかもその崩壊の見通しをここまで強く予測することは珍しい。アメリカ全体の北朝鮮に対するいまのスタンスを知るうえでも、少し詳しくそのオバマ発言の内容を知っておくことが有益だろう。

オバマ大統領は1月22日にホワイトハウス内でオンライン動画の「ユーチューブ」創設者たちのインタビューに応じて、幅広い課題について語ったなかで、北朝鮮に言及した。アメリカでは金正恩第一書記の暗殺計画をパロディふうに描いた映画を製作したソニーに対する北朝鮮政府機関のサイバー攻撃が波紋を広げていた。オバマ大統領もこのインタビューでその動きに関連しての質問に答えて、北朝鮮の現政権に対する非難をまず以下のように述べた。

「北朝鮮はいま全世界で最も孤立し、最も厳しい制裁を受け、最も外部から切り離された国家だ」

「北朝鮮に存在する独裁主義は他にまず例をみない。残虐で抑圧的で、その結果、自国民に十分な食料を与えることもできない」

「だからやがては、私たちはそんな北朝鮮の政権が崩壊するのをみることとなるだろう」

オバマ大統領はこのように簡潔に語ったのだった。そのうえでそういう状態の北朝鮮の金正恩政権に対しアメリカがどう対応すべきなのかも述べたのである。

「しかしアメリカが北朝鮮内部の変化を引き起こす能力は限られている。なぜならあの共産主義国家は100万人もの軍隊と、核兵器とミサイルのテクノロジーを保有しているからだ。そのうえに、もし朝鮮半島で戦争が起きれば、韓国があまりに重大な影響を受けることになる」

「だから軍事的な解決は答えとはならないのだ。（非軍事の）圧力を強く続けていくことだ。その点ではインターネットが北朝鮮の社会にいま浸透してきた。新しい環境が生まれてきたのだ」

「（その新しい環境では）あのような残虐で独裁の政権を維持することはますます難しくなる。情報が浸みこんで、やがては内部に変化を起こす。私たちはその情報での変化を加速させる方法を常に模索しているのだ」

以上はオバマ大統領の北朝鮮現政権の崩壊について語ったことのすべてである。全体としてみれば、とくに新味のある言明ではない。衝撃的な新方針や新発見を含んだ言葉でもない。しかしそれでも、超大国の元首であるアメリカ大統領がここまで具体的に踏みこんで金正恩政権の将来の崩壊について断言した点が注目されるのである。

もっともアメリカ側では「北朝鮮の金政権の崩壊」という可能性は'90年代なかごろから政府の政策担当者たちの間でさえ真剣に語られてきた。とくに'94年のクリントン政権時代に、北朝鮮の核兵器開発防止のための「米朝合意」が成立したころ、米側の政府当局者たちまでが堂々と「どうせ北朝鮮の金政権はそう遠くない将来、崩壊するのだから」その合意の米側の誓約をそれほど厳しく履行する必要もない、と主張していたのである。だが金政権はまったく崩れはしなかった。だからアメリカ側でのこの種の金政権崩壊説には慎重に対応することが欠かせない。

拉致された日本人の救出は悲願

しかし、残虐で独裁の非道な北朝鮮の金政権に対して、最初から軍事的な対応という手段は排除するところは、いかにもソフトな宥和大統領のオバマ氏らしいところである。それでなくてもいまは中東でのテロ組織の跳梁やウクライナ問題をめぐるロシアの横暴に押される一方のオバマ大統領にとって北朝鮮問題は最優先課題とは思えない。現にこのインタビューのつい前日の1月21日に年頭の一般教書で内外の政策を語ったオバマ大統領はそのなかで北朝鮮や朝鮮半島についてはなにも述べなかった。

しかし、それでもなおこの時点でアメリカの大統領が北朝鮮の金正恩政権の「崩壊」を力をこめて語ることには注目せざるを得ない。その種の展開をちょっとでも予測させる新たな事実が浮かんできた可能性を否定しきることはできないのだ。現にアメリカの軍部やその他の安全保障関連機関では北朝鮮の政権崩壊を予測してのシミュレーション（模擬演習）的な準備を絶やすことはないのである。

この点はわが日本にとっての教訓だといえよう。北朝鮮という特異な国家の動向は至近距離に位置する日本にとって特別の重みを持つ。とくに北朝鮮に拉致されたままの日本国民の救出は国民の悲願ともなっている。そうした日本人拉致事件にとって北朝鮮の金政権の崩壊は一体なにを意味するのか。日本でもだれかが、どこかで真剣に考えておかねばならない有事のシナリオなのである。

ちなみに当の北朝鮮側はこのオバマ大統領の「崩壊説」に対して、即座に、激しく反撃した。金正恩第一書記自身の談話として1月31日、「わが国の社会主義システムが崩壊するだろうというような狂犬の吠え声を座視するようなことはない」という声明を発表したのだった。

（2015年2月11日）

拉致問題に目をつぶった訪朝団の「罪」

日本人拉致問題を棚上げにしてとにかく国交回復を急ごうと

母体は「日朝国交促進国民協会」

「北朝鮮とは拉致解決よりも、まず国交樹立を」というのはかつて日本側でも有力な主張だった。外務省さえもこの線に傾く観があった。だが「まず拉致解決を」という日本国民の貴重な生命を優先させる主張が勝って、政府の方針ともなった。ところがここへきて、また日朝国交正常化をまず推進しようとする北朝鮮の主張に日本側で同調する向きが台頭してきた。警戒の必要な動きである。

日本側のそうした動きを象徴するのは「日朝国交促進国民協会」（会長・村山富市元首相）が呼びかけて結成し、北朝鮮を２０１４年10月7日から13日まで訪問した「日朝交流学術訪朝団」である。この訪朝団は同国民協会の事務局長の和田春樹東京大学名誉教授が中心となり、合計10人の学者、専門家らがメンバーとなった。

和田氏以外のそのメンバーは以下のとおりだった。

小此木政夫慶応大学名誉教授、小牧輝夫大阪経済法科大学客員教授、木宮正史東京大学教授、美根慶樹元外務省日朝交渉大使、平井久志立命館大学客員教授、布袋敏博早稲田大学教授、竹中一雄元国民経済研究協会会長、吉田進元日商岩井専務取締役、西野純也慶応義塾大法学部准教授。

学者、外交官、ジャーナリスト、ビジネスマンと、それぞれの分野で確固たる実績を残してきた人物たちがほとんどだといえよう。こうした日本側の代表が北朝鮮を訪問して、国交正常化の旗印の下に、友好や交流を深めようとする活動自体には非難されるべき点はないだろう。しかしその顔ぶれの一部の人たちの過去の特別な軌跡や現在の言動、さらには北朝鮮訪問の時期、相手側の接待の実態など個々の部分をみると、重大な疑義が浮かぶことも否定できない。

まずこの訪朝団の母体となった日朝国交促進国民協会だが、北朝鮮との緊密なきずなを長年、誇り、長い期間、北朝鮮工作員による日本人拉致という北側の国家犯罪には明らかに目をつぶり、口を閉ざし、日本が北朝鮮と国交を樹立することだけを求めてきた組織である。拉致解決よりも、まずなによりも国交樹立を、というスタンスなのだ。

同国民協会の事務局長で今回の訪朝団の団長格となった和田春樹氏は日本人拉致問題を矮小化してきた人物である。和田氏は「横田めぐみさんが拉致されたと断定する根拠は存在しない」とまで主張し、拉致問題を棚上げにして、とにかく北朝鮮との国交回復を急ぐことを提唱してきた。このあたりの和田氏の日朝国交のためには日本側の国民感情までをも非難したという言動については『拉致の海流』（山際澄夫著）などという書に詳しく記録されている。

この訪朝団の北朝鮮での行動については同国民協会の発表を紹介しよう。同協会が'14年11月4日に東京で開いた訪朝団の帰国報告会での声明である。

「このたび日朝国交促進国民協会がお世話をして、日朝交流学術訪朝団が10月6日から13日まで朝鮮民主主義人民共和国を訪問しました。

代表団は北朝鮮の日朝交渉大使宋日昊氏、朝鮮外務省軍縮平和研究所所長馬東熙氏、社会科学院チュチェ文学研究所所長高喆君氏、社会科学院経済研究所研究員姜哲敏氏と面談し、有意義な説明と意見交換を行うことができました。

平壌では、祖国解放戦争勝利記念館、烈士墓地、三大革命勝利展示館、党創建史績館を参観し、いろいろな新しい発見がありました。さらに平壌交響楽団のマチネー演奏会を鑑賞しました。ついで元山地区を訪問し、まず馬息嶺スキー場の国際観光ホテルを見ました。次に元山港に停泊する汽船、万景峰92号を見ました。最後に松濤元国際少年団キャンプ地を見ました。平壌でも元山でも、人々の生活が落ち着いていて、経済が安定的に発展しているようにみえました。有益な訪問でした」

以上は対外的な公式発表だが、その記述のどこにも日本人拉致問題への言及はツユほどもない。目的はすべて日朝国交正常化であることが明白である。「有益な訪問」というのも、国交正常化の観点だけの話だろう。拉致問題は棚上げにしてという姿勢が露骨だから、いまオールジャパンの悲願ともいえる拉致解決にとってはむしろ「有害な訪問」だとする見方も十分に成り立つ。

「平壌に代表を送るべき」と主張

さらに懐疑を生むのは、この訪朝のタイミングである。訪朝の始まりの10月7日、ちょうど日本国内では北朝鮮の求めに応じて、拉致問題協議の継続のために、政府代表を平壌に送るべきか否かの議論が展開されつつあった。その少し前の9月29日の中国の瀋陽での日朝外務省局長級協議で北側から拉致被害者らの再調査に関し「詳細な現状は平壌で特別調査委員会に直接会って、聞いてほしい」と語ったことが表に出たのである。

日本政府代表の平壌行きに対しては拉致被害者の「家族会」や「救う会」からは反対が多かった。北朝鮮の宣伝工作に翻弄されるだけだという懸念からの反対だった。北朝鮮はこの時期、そして現在も、国連で日本人拉致をも含む人権侵害を糾弾する決議案に直面し、人権改善の努力をしているという印象を対外的に宣伝する必要に迫られている。同決議案が人権侵害の最高責任者として金正恩第一書記の名前あるいは肩書を明記する方向を目指し、さらに北朝鮮政府を国際刑事裁判所に提訴するという内容を盛りこんでいるため、その二点を排除しようと、北朝鮮当局は必死の国際PRを試み始めたのだ。

こうした背景でこの訪朝団に加わった人の多くが北朝鮮から戻ってすぐ、公開の場で日本政府は平壌に代表を送るべきだという意見を展開した。小此木、平井氏など、とくにその路線での意見の発表が顕著だった。こうした人たちはもちろん専門家としての自分自身の判断でそうした意見を述べたのだろう。だが結果としては北朝鮮政府がまさに望む路線とまったく一致した意見となった。北朝鮮側のこの訪朝団に焦点を絞った宣伝工作が功を奏したという印象も強く残るわけである。

この点では北朝鮮情勢に詳しいコリア国際研究所所長の朴斗鎮氏が「Japan In-Depth」

というニュース・評論サイトで「北朝鮮広報を務める日本人学者達―『日朝交流学術訪朝団』は北朝鮮で何を見てきたのか？」というタイトルで書いている報告が参考になる。

朴氏のレポートには以下の記述があった。

「帰国後、この（日朝交流学術訪朝団）メンバーはテレビや報告会などに出演し、『聞くと見るとは大違い。経済状態は良くなっている。これは否定しがたい。北朝鮮は（拉致問題に対する）報告を遅らせているとの印象は心外だと語っていた』（美根氏）、『北朝鮮に制裁は効いていない。日本の制裁措置で訪朝できず、この間（10年間）の朝鮮の変化を見過ごしてきたことは学者として失格だ』（小此木氏）、『サラミも重ねれば大きくなる。北朝鮮とは頻繁に行き来すべきだ。善意に解釈すれば国家保衛部も工作機関を捜査できる』（平井氏）などと北朝鮮のプロパガンダに沿った発言や意味不明の発言を行っている。さらに美根、平井両氏は、『拉致関連団体の発言やメディアの憶測に基づいた報道が調査を妨害している』との『北朝鮮側懸念』を忠実に伝えることも忘れなかった」

「その他メンバーも『（日本が）制裁を強化すれば頭を下げてくるというのは誤り』（竹中氏）、『建設ラッシュ、女性のファッション、携帯電話の普及、自動車の交通量の増大など活気ある平壌』（木宮氏）、『日本側に言いたいこともあるが、極力それを抑えている印象を受けた』（和田氏）などと北朝鮮広報の役割を果たしている」

以上、北朝鮮と日本との関係を長年、考察してきた朴斗鎮氏の報告は傾聴に値する。

北朝鮮側は日本の分裂を狙う

訪朝団のこうした人々の平壌行きの奨めが功を奏したのかどうか、日本政府はその北朝鮮の求めに結局は応じた。だがその結果として拉致問題での実質的な進展はなにもうかがわれなかったことはすでに歴然となった。平壌では北側の対外ＰＲの露骨な戦術だけが目立ったのである。「特別調査委員会」の金色の英語看板の誇示がその一端だった。

10月28日の平壌でのその日朝会合の冒頭で北の特別調査委員会の徐大河委員長が「今回の日本政府代表団派遣をめぐっては日本国内で意見の食い違いがいろいろあったようだが、その派遣は正しい選択だった」と、おもむろに宣言したことは含蓄が深い。北朝鮮側は日本内部での意見の食い違いに最大細心の注意を払っていることの表れだった。その注意には当然、北朝鮮側の主張を宣伝する形の「意見」の拡大という意図も含まれているということだろう。

（２０１４年11月19日）

第5章

日本を貶めた朝日新聞の大罪

朝日新聞の慰安婦虚報が日本に実害を与えた
デマ報道をもとにアメリカで繰り広げられた反日活動

慰安婦問題の真実を主張したが

朝日新聞が慰安婦問題での誤報や虚報によって日本に与えた実害について国際的な観点から改めて考えてみたい。朝日新聞の虚偽の報道が日本の名誉を国際的に貶めた罪に計り知れない重大さを感じるからである。この場合の日本とは日本という国家、そして日本の国民という意味である。

私がこの問題を提起するのは、私自身にアメリカ国内で朝日新聞が発信した慰安婦問題のまちがった情報で起きた日本への糾弾に直接、対応してきた長い体験があることが理由でもある。アメリカ、そして国際社会での日本の国家や国民の名誉が朝日新聞の誤報によって不当に傷つけられてきたのだ。アメリカなどでのその日本糾弾は事実には基づいていなかった。日本にとってぬれ衣であり、冤罪だったのだ。朝日新聞の2014年8月5日、

6日の「訂正」報道はそのぬれ衣が本当にぬれ衣だったことを改めて証したといえる。

アメリカ内で慰安婦問題の実態を米側の関係者や一般に向かって告げる作業にも私はかかわってきた。その代表的な実例は'07年4月のアメリカ公共テレビPBSへの出演だった。ニューズウィーク誌編集長などを務めた著名なジャーナリストのファリード・ザカリア氏のニュース・インタビュー番組で私は質問に答え、10数分間にわたり、慰安婦問題の真実を語った。

その私の主張の核心は「日本の軍（官憲）が組織的に女性を強制連行して売春をさせた事実はない」という一点だった。質問に答えて、私が「慰安婦たちは兵士から売春のたびに代金を払われていた」と述べると、ザカリア氏が一瞬、信じられないというびっくりした表情をみせたのをいまも覚えている。彼も「性的奴隷」は商業ベースの代金を受け取っていたはずがないと思いこんでいたからだった。

私はその他の米側でのセミナーやシンポジウムに発言者として招かれるたびに、「軍による強制連行はなかった」と強調してきた。私に限らず、日本側の他の関係者たちからも、この慰安婦問題の真実はアメリカなど外部世界に向けて発信されてきた。だがアメリカ側はその真実よりも、朝日新聞主導の発信による虚構を信じ、日本への言われなき非難を続けてきた。その結果、日本の名誉は徹底して不当に貶められたのである。

アメリカ内でのこの論議では、私自身はまさに多勢に無勢だった。アメリカの学者からマスコミ、政治家、政府高官までが「日本軍は女性を組織的に強制連行し、性的奴隷とした」と主張するのだ。その主張の根拠なるものが朝日新聞が発信し続けた日本側からの虚報だった。アメリカ内で事実を主張する私たちにとっては、まさに「弾丸は後ろから飛んできた」のである。だから朝日新聞のその虚報の発信は日本を傷つける大罪だったといえる。もちろんその虚報に屋を重ねた河野談話の罪も大きい。

ではアメリカ内で慰安婦問題がいかに浮上し、波紋を広げ、しかも事実の誤認に基づく日本糾弾が勢いを増していったのかを簡単に眺めてみよう。このプロセスを長年、自分自身でそこに直接に触れてきた日本側のごく少数の証人としての私がいま伝えることには意味があると思う。

反日活動を続けた2つの組織

アメリカ内で日本のいわゆる従軍慰安婦問題を初めて公開の場に持ち出し、非難し始めたのは「慰安婦問題ワシントン連合」という組織だった。在米韓国系の少数の活動家たちが'92年に首都ワシントンに創設した組織だった。
'92年というのは日本からの慰安婦問題の虚報発信が本格化した年である。朝日新聞が「日本の軍（官憲）が朝鮮人女性を強制連行した」という虚偽を大々的に報じ出した時期だったのだ。「朝鮮人女性が女子挺身隊として強制的に慰安婦にされた」という朝日新聞の虚構報道に熱がこもった時期でもあった。朝日新聞は「日本官憲による済州島での慰安婦狩り」という吉田清治デマ発言をもなお報じ続けていた。

「慰安婦問題ワシントン連合」はワシントン地区の連邦議会の議員会館のホールやキリスト教会、主要大学などで慰安婦の写真や資料を展示した。そこでの主張の基本は「日本軍により組織的に強制連行され、性の奴隷にされた約20万の女性の悲劇」という宣伝だった。

私は当時、この組織の人たちにその主張の根拠を質問したこともある。ドンウー・ハムとかヘレン・ワンという名の女性たちだったことを記憶している。その問いへの答えは「日本側の当事者の証言や資料と新聞報道」という趣旨だった。「歴史学者たちの証言」という回答もあったが、どこのなんという歴史学者かと問うと、曖昧な反応のなかで、「日本の学者たちの証言」というふうになるのだった。

その後、'90年代の中ごろから後半にかけてはアメリカ内での慰安婦問題での日本糾弾には中国系の「世界抗日戦争史実維護連合会」（抗日連合会と略）という強力な組織が加わった。この組織がやがて陰の主役となり、反日活動を雪だるまのように大きくしていった。カリフォルニア州の大学などで慰安婦問題を主題とするシンポジウムなどを開き、日本の責任を追及した。アメリカのマスコミや議会へも慰安婦問題での日本非難の活発かつ執拗な働きかけがなされた。国連にも訴えが出された。'00年10月には東京で「女性国際戦犯法廷」という国際集会が開かれ、慰安婦問題での日本の非が一方的に断罪された。この種の日本攻撃の主役は抗日連合会や慰安婦問題ワシントン連合だった。

やがてアメリカでのこの日本叩きは'07年7月の連邦議会下院での日本非難決議の採択となって、一つの頂点をきわめた。この決議の最大最強の推進役は抗日連合会であり、資金面でも思想面でも同連合会の全面支援を得たマイク・ホンダ下院議員が先頭に立った。

「組織的な強制連行」と断定

こうした長いプロセスでは日本攻撃の矢は一貫して「日本軍による女性の組織的な強制連行」に絞られた。下院の同決議が「日本帝国陸軍による若い女性の性的奴隷への強制」

と明記したのがその総括だった。要するに日本軍が組織的に、政策として、大量の女性たちを強制的に連行し、拉致して、性の奉仕を無理やりにさせた——という罪状だったのである。

アメリカ側の当時の当事者たちはその日本の「罪」をはっきりと絞りこんでいた。同決議を主唱したマイク・ホンダ議員は審議の過程で第二次大戦後の日本でも占領米軍が日本側に売春施設を開かせたという報道が流れたのに対し、明言したものだった。

「日本軍は政策として女性たちを拉致し、セックスを強制したのだが、米軍は強制連行ではないから、まったく異なる行動だった」

同決議案を審議する公聴会の議長を務めたエニ・ファレオマバエンガ議員は、日本軍の行動のどこが悪かったのかと、問われて答えていた。

「アメリカも人権侵害は冒してきたが、日本のように軍の政策として強制的に若い女性たちを性の奴隷にしたことはない」

要するにアメリカからみての黒白を区別する悪の核心は「日本軍による女性の組織的な強制連行」だったのだ。「組織的な強制連行」こそが邪悪だったと断じていたのである。

そしてその断定の根拠は明らかにすべて日本から発信された「証言」「資料」「報道」だっ

た。その発信役が朝日新聞だったのである。

しかしその朝日新聞がこの'14年8月5日と6日の紙面で長年の慰安婦問題での「日本軍による組織的な強制連行」という報道が虚偽だったことをついに認めたのだ。アメリカでの長年の日本糾弾の根拠がすべて崩れてしまったことになる。

この訂正記事で朝日新聞がはっきりと認めたのは（1）「日本軍による女性の強制連行」説にはなんの証拠もない（2）慰安婦の強制連行の裏づけとされた「女子挺身隊」は無関係だった（3）強制連行説の主要な根拠とされた吉田清治証言は虚偽だった——という諸点である。

そうなると、「軍による強制連行」というのはまったく否定されたこととなる。アメリカ側が「強制連行」の根拠としてきた日本側からの「証言」「資料」「報道」のすべてが虚構だとされたのだから、残るは巨大な空間、なにも残らない空洞となる。日本はこの虚構のためにさんざんアメリカ側から叩かれてきたのである。

とくに吉田証言のデマの影響は大きかった。'07年の下院本会議での慰安婦決議採択までの審議では、アメリカの議員たちは吉田証言を有力な論拠として使っていたからだ。当時の議員たちが最も依存した資料はアメリカ議会調査局が作成した慰安婦問題についての報告書だったが、この報告書は吉田証言を事実として使っていたのだ。つまりは虚偽の上に築かれた資料を使っての日本非難の決議だった。その審議にも虚偽の資料が使われたのである。

'96年に世に出た国連のクマラスワミ報告も、この吉田証言を有力材料に使っていた。デマの証言を事実として扱い、その上に国連としての「報告」を築いていたのだ。日本はぬれ衣をかけられ、冤罪の被害者だったのである。

朝日は責任を取る気がないのか

朝日新聞が30年以上も発し続けた慰安婦問題の虚報がアメリカや国際社会の日本糾弾を招いたのだといえよう。「日本軍による強制連行」が事実でないとわかっていれば、こんな日本叩きはなかった。だがアメリカではいまもその虚構に屋を重ねる慰安婦の像や碑が建てられているのだ。

アメリカや国連での日本の名誉を重大に傷つけた慰安婦問題というのは本質部分が朝日新聞の報じたデマだと判明した。そのデマの部分が日本を傷つける理由となってしまった。朝日新聞がこの日本に対して引き起こした無実の罪の責任をどうとる気なのか。いまのところ論点をそらせて「慰安婦問題の本質　直視を」などと逃げるだけである。その姿勢はいかにも醜い。

私自身はアメリカでの慰安婦問題論議では被害者だと思う。いくら事実を説いても、アメリカ側からはもっぱら「20万人もの若い女性を強制連行して、売春を強いた事実は動かせない」と反論された。「女性の悲劇を否定することはナチスのホロコーストを否定するのに等しい」などとも反撃された。日本の名誉だけでなく、私自身の名誉が傷つけられてきた。その点での朝日新聞の虚報の責任を改めて問いたいものである。

（2014年8月20日）

朝日新聞の「誤報訂正」をアメリカへ発信せよ

NYタイムズやWSJも「朝日の訂正」を無視するが

ヘリテージ財団での「演説」で

朝日新聞の慰安婦問題での誤報の訂正や虚報の撤回は、国際的にどんな影響を生むのか。とくにアメリカで受けた慰安婦問題での日本の汚名や日本人への中傷はどうなるのか。

アメリカの反応はなんといっても重要である。日本の名誉をかけての慰安婦問題での国際攻防戦では超大国であり、日本の同盟国のアメリカがやはり主戦場となるからだ。

いまのところ、アメリカ側は朝日新聞の誤報訂正を率直に受け止めてはいない。逆に朝日新聞を擁護する向きもある。しかし、一部の関係者の間に微妙ながら重要な姿勢の変化もうかがわれるようになった。

朝日新聞は慰安婦問題報道で「『慰安婦狩り』をしたという吉田清治証言は虚構だった」と認めるとともに、「日本軍が女性たちを組織的に強制連行して性的奴隷にしたという主張の根拠はなかった」という趣旨を言明した。多数の関連記事の大幅な訂正であり、撤回だった。

朝日新聞のこの大訂正は'14年8月5、6両日の朝刊に掲載された。期せずしてそれから1、2週間が過ぎた8月13日と19日、ワシントンの大手研究機関で慰安婦問題をはじめとする日本関連の歴史認識をテーマとする大きなシンポジウムが二つ、開かれた。関係者たちは当然、朝日新聞の訂正は知っていたはずだが、それを認めようとする気配はなかった。

私はこの二つのシンポジウムを傍聴した。13日の戦略国際問題研究所（CSIS）の集いでは、基調演説者の韓国の与党元国会議員の朴振氏は慰安婦問題にも触れ、従来の「強制連行」とか「性的奴隷」という言葉を気軽に使っていた。アメリカ側の出席者もそれに同調するという感じだった。要するに、朝日新聞の訂正、どこ吹く風という様子なのである。

8月19日のヘリテージ財団での同種のシンポジウムでも、基調演説をした韓国の安豪栄アメリカ駐在大使も「日本軍の強制による20万の性的奴隷」という表現をなお使っていた。

この集いでは安大使以外にもアメリカ、韓国両方の元政府高官や学者たちが発言したが、慰安婦問題に関しては、同大使と同じスタンスだった。要するに朝日新聞の訂正をまったく考慮しない姿勢なのだ。

そこで私は、ついに朝日新聞の誤報訂正という最新の事実を提起することにした。安大使への質問という形をとった。

「ごく最近の出来事として、朝日新聞がこれまで30年間も報じ続けてきた『日本軍による強制連行』という主張の報道を、取り消すことを発表した事実を提起したい。朝日新聞といえば、この慰安婦問題について諸外国の考察者たちが最も多く依存してきた情報源だといえる。そんな新聞が大きな記事で、多数の撤回を報じたのだ――」

「河野談話」を持ち出す安大使

私がここまで語ると、シンポジウムの司会役のヘリテージ財団研究員のウォルター・ローマン氏が「もうそのへんで質問を終えるように」と遮ってきた。だが、私は言葉を継いだ。

「安大使はこの朝日新聞の記事撤回をどう考えるか。さらに日本側でのこうした検証作業をどう思うか」

ローマン氏がまた言葉をはさんだ。

「せっかく私たちが日韓関係の改善を図ろうとしているのに、こんな質問が出るなんて」

このような司会役の反応で、朝日新聞の誤報訂正へのアメリカ側一般の受けとめ方がわかるだろう。

安大使は、私の質問にはきちんとは答えなかった。しかし、次のような言葉を口にしたのだ。

「河野談話は強制を認めていた。強制の要素は、その他の多様な異なるチャンネルによって十二分に確立されてきた」

朝日新聞の訂正には直接は触れないのだ。また強制連行自体にも触れず、「強制」とか「強制の要素」という表現ですませていた。

こんなところがアメリカでの朝日新聞記事訂正への当初の反応だった。

要するに、ほとんど無視である。そんな訂正について語ることもけしからん、という高圧的な態度だったともいえよう。

結局、アメリカの大手メディアが朝日新聞の訂正を初めて報道したのは'14年9月4日、ウォールストリート・ジャーナルによってだった。朝日の訂正からちょうど1か月が過ぎていた。もっともこの記事は池上彰氏の朝日新聞への寄稿をめぐるごたごたが主題だった。慰安婦記事の大訂正についてはあくまで副題だったのだ。

ウォールストリート・ジャーナルは9月10日付で、朝日新聞の木村伊量社長が慰安婦問題での誤報を認め、謝罪したことを報道した。ただしその記事の見出しは「安倍や保守系新聞が朝日の謝罪に跳びかかる」となっていた。根拠のない朝日新聞擁護だった。

「朝日誤報」の事実を世界中へ

ニューヨーク・タイムズも、9月11日付で朝日新聞の福島原発の吉田調書報道の取り消しを報じるなかで、慰安婦問題誤報についても報道していた。しかしこの記事は本文のなかで「日本軍の性的奴隷」という言葉を出し、その根拠らしき点については「証拠は広範にある」とか「ほとんどの歴史学者が述べている」と、曖昧な記述をしていた。

この新聞も朝日新聞と同様、吉田清治証言を事実として報じ、しかもその訂正もしていない。だからこんな曖昧な逃げ方をするのだろう。

朝日新聞の誤報訂正への米側の反応がもっと明確な形をとったのは、9月25日に慰安婦問題でのアメリカ側活動家たちが出した声明だった。'07年の下院の慰安婦決議作成に関わったアジア関連活動家のミンディ・カトラー氏やジョージワシントン大学教授のマイク・モチズキ氏ら4人の連名だった。声明は毎日新聞9月11日付の「朝日報道が国際社会に誤解を広める」という趣旨の長文の検証記事への反論の形をとっていた。

この毎日新聞記事は、下院決議も審議では吉田清治証言を使ったようだと指摘していた。カトラー氏らはそれに対し、吉田証言にも朝日報道にもまったく影響されなかった、という苦しい弁明をしていた。

最大焦点の強制連行については「日本帝国が軍隊用の性的奴隷システムを組織し、運営した」として、「書類上と口述の証拠はインド・太平洋地域に十分に存在する」と、これまた曖昧だった。「強制連行」から後退し、「組織と運営」へと焦点をそらしているのだ。

こうした動きをみると、アメリカ側でも朝日新聞「誤報訂正」が一見わかりにくいながらも、重要なインパクトを広げ始めたといえるだろう。この展開は、グレンデール市など全米各地の慰安婦像や碑の建設に反対する在米日本人たちにも大きなプラスとなるはずである。そのためには、朝日誤報の事実をオールジャパンでアメリカに向けて発信し続けねばならないだろう。

（2014年11月）

朝日「慰安婦」訂正でNYタイムズは手詰まりに

安倍首相が先頭に立って不当な言論弾圧を続けているかのように

植村記事の「虚報」を報じずに

慰安婦問題報道での朝日新聞の誤報訂正に関連して、アメリカ大手紙のニューヨーク・タイムズが'14年12月3日、日本国内での朝日への批判を「日本の右翼の新聞攻撃」と断じる記事を載せた。同記事は朝日新聞への非難は不当な言論弾圧であり、安倍晋三首相がその先頭に立っているとも断じている。この記事の偏向や独断、そしてその合間でちらつく慰安婦問題での立場の後退を指摘してみよう。

ニューヨーク・タイムズは他にも12月4日付社説で「日本の歴史のごまかし」という見出しの同趣旨の主張を述べているが、今回は前述の記事一本にしぼって論評することとしたい。

12月3日付の同記事はニューヨーク・タイムズ東京支局長のマーティン・ファックラー

記者による「日本の右翼が戦史を書き換え、新聞を攻撃する」という見出しだった。内容の主体は朝日新聞の慰安婦報道の誤報の先頭走者となった記者の植村隆氏にインタビューして、同氏が右翼勢力からの不当な攻撃を受けているとする報道である。

この記事が描き出すのは、日本での良識の代表の朝日新聞を安倍晋三首相をはじめとする右翼が独断で危険な国粋思想のために攻撃し、言論や人権までを弾圧しているという構図だといえる。日本の現実からみれば、まったく倒錯した虚構の構図だといえよう。

記事にはまず日本での朝日新聞をめぐる状況について以下のような記述があった。

「植村氏はいまや日本の政治右翼の標的となった。暴力的威嚇は植村氏の大学の職を奪ってしまった。超国粋主義者たちは植村氏の子供を狙い、インターネットで彼の十代の娘を自殺に追いこむことを促している」

「この脅しは右翼のメディアと政治家による朝日新聞に対する憎悪に満ちた広範な攻撃の一環なのだ。この戦いは安倍晋三首相の右翼寄り政権下で盛んになった日本の戦争責任をめぐる論争の最新の爆弾投下でもある」

「吉田清治証言はその信憑性が20年前にすでに否定されたのに、日本の右翼は朝日新聞の姿勢を叩き、この新聞を廃刊へと追い込むための不買運動を呼びかけている」

「植村氏は『右翼たちは歴史の否定のために脅しという手段を使い、私たちを沈黙させているのだ』と語った」

さて以上の記述は植村隆氏を罪のない被害者、犠牲者として描き、「日本の右翼」が暴力的な迫害を彼の家族に加えており、しかも安倍政権もそれに加担し、扇動しているような筆致だった。

だがその記述には植村記者が慰安婦をあえて挺身隊と混同し、日本軍による強制連行はなかったのに、あったかのように虚報を流したことはまったく出てこない。植村記者は正しい報道をしたのに、いま右翼に脅迫されている、というわけだ。現在のメディア一般はむしろ植村氏の釈明や反論を求めているのに、同氏自身が身を隠し、沈黙を保ったままだという事実も、浮かんでこない。さらには現在の植村氏に対する脅迫などは日本のどのメディアも、有識者も、激しく非難している事実もみえてこない。

この記事は日本の警察がすでに植村氏の勤務先の大学を脅した64歳の男を逮捕したことも報じていない。要するに日本は法治国であり、この種の威嚇はみなが非難し、国民個人の権利や安全が保護されているという全体図をあえて無視しているのだ。

安倍首相の「言論弾圧」を演出

ニューヨーク・タイムズの同記事はさらに日本の基準では左翼とみなされる日本人学者二人のコメントを基軸のようにして取り上げ、安倍政権下のいまの日本がまるで言論弾圧、人権抑圧の独裁国家であるかのように描いていた。

「上智大学の中野晃一教授は『朝日新聞の誤報自認は修正主義の右翼たちにとっては、それみたことか、という絶好のチャンスとなった。安倍首相はこれを歴史問題の追求のための好機とみたのだ』と語った」

「植村記者救済の署名運動をしている政治学者の山口二郎氏は『安倍氏は朝日新聞の問題をメディア全般を脅して自己検閲へと追いこむために利用している。これは新しい形のマッカーシー旋風だ』と述べた」

「修正主義の右翼」「安倍首相」と並べば、その思わせメッセージの意図は明白である。その意図的なメッセージからは「安倍氏がメディアを脅して、黙らせようとしている」という虚像がごく自然に生まれてくる。要するに日本は首相が先頭に立って言論弾圧をする国だというのである。

さて慰安婦問題の核心である「日本軍の組織的な女性の強制連行」という点では、このニューヨーク・タイムズの記事はどんなスタンスをとるのか。

それは予想どおりに「組織的な強制連行があった」という立場である。そのあたりのこの記事の記述は次のようだった。

「日本軍が数万の朝鮮出身やその他の外国の女性たちを強制して性的奴隷化したという見解はいま国際的に受け入れられている」

「ほとんどの主流の歴史学者たちは、日本帝国陸軍が占領地域の女性を戦利品のように扱い、集団で拘束し、慰安所という軍用の売春宿に閉じ込めた、という主張に同意する」

「東南アジアでは日本軍が女性たちを拉致して、売春宿で働かせたという証拠は存在する。

だが朝鮮半島では日本軍が女性たちを拉致したり、強制連行に直接、関与したことを示す証拠はほとんどない」

「日本の歴史修正主義者たちは、拉致の証拠不足を利用して、身柄を拘束されて性的奴隷にされた女性は一人もいないと主張する」

以上の記述をみると、さすがのニューヨーク・タイムズも「日本軍による20万人の女性の強制連行」という主張の根拠の提示が弱々しくなってきたことがわかる。「朝鮮半島では日本軍の強制連行の証拠はない」などとは、ニューヨーク・タイムズとしては新発見ではないか。これまでの主張とは異なる。いつからそんなことがわかったのか。

さらには「ほとんどの主流派の歴史学者たち」という表現も記述としては根拠薄弱である。ではどこの、なんという名前の歴史学者なのか、その主張にはどのような証拠があるのか。このへんの具体性が皆無であることは、主張としては致命的な欠陥だろう。かりにも日本国という国家の過去の犯罪性を糾弾するのならば、まずだれもが納得できる証拠を示すのが正しい順番だろう。であるのに、「ほとんどの学者が同意している」だけでは、あまりにお粗末である。

「ののしり言葉」で悪のイメージを

だがそれにしてもこの記事は意味の不明なレッテル言葉をあまりに頻繁に使っている。まずは「右翼」、そして「ナショナリスト（民族主義者、国粋主義者、国家主義者など）」、「歴史修正主義者」などである。なかでも「右翼」という言葉はこの記事のなかでなんと合計9回も使われていた。

右翼とかナショナリストという用語に共通するのは、それが正確な意味の曖昧な、ネガティブなイメージだけを投射する「ののしり言葉」だという点である。自分が嫌いな側、反対する側には、とにかく「右翼」とか「ナショナリスト」というののしり言葉を浴びせて、悪のイメージを植えつける。これがニューヨーク・タイムズの伝統的な報道姿勢である。

しかし、そのニューヨーク・タイムズでさえも、慰安婦問題での主張の鋭さがすっかり衰えてきた。慰安婦問題では朝日新聞とスクラムを組んで、長い年月、日本糾弾の先頭に立ってきたニューヨーク・タイムズのこうした主張の後退は日本側にとっては元気の材料だといえよう。

日本側にとって「日本軍による20万人女性の強制連行」という世紀のぬれ衣も、ついに排除できそうな兆しが生じてきたのである。

（２０１４年12月10日）

ワシントン・ポストもＬＡタイムズも日本叩きへ

「安倍首相と右翼が朝日新聞を弾圧している」との社説を掲載

ＮＹタイムズ「日本の歴史のごまかし」

アメリカ大手紙のニューヨーク・タイムズが日本の慰安婦問題報道をめぐる動きを「日本の右翼の新聞攻撃」と断じた記事を紹介したが、その後、同紙が改めて社説で同じ趣旨の非難を安倍晋三首相にも向けて打ち上げた。

続いてワシントン・ポストとロサンゼルス・タイムズの両紙も「安倍首相と右翼が朝日新聞を弾圧している」とするコラム記事や社説を掲載した。

これらアメリカの三大紙はいずれも明確な根拠を示さないまま、「慰安婦は日本軍の組織的な強制連行による性的奴隷だった」と断じ、朝日新聞には誤報はなかったかのように弁護している。アメリカニュースメディアの左派のこうした日本非難は事実を無視して、自分たちの特定の日本観を押しつける対日思想警察のようである。

日本政府としても自国の首相への不当な誹謗には断固、抗議すべきだろう。

ニューヨーク・タイムズは'14年12月4日付の社説で「日本の歴史のごまかし」と題し、「日本では右翼政治勢力が安倍晋三首相の政府に激励されて、第二次大戦中に日本軍が何万人もの女性に売春奉仕を強制した恥辱の歴史の一章を否定するための威嚇の運動を実行している」と論評した。

同社説はさらに日本での慰安婦強制連行否定について「この強制連行を戦争で敵だった側が捏造した大ウソだとして否定する政治的努力は勢いを増しており、修正主義者たちは河野談話での謝罪をも撤回させようと努めている」と述べた。そのうえで同社説は「ナショナリスト的熱狂を煽ることを意図する安倍政権は日本が女性たちを性的奴隷へと強制徴用したことについての'96年の国連人権報告の修正を求めたが、拒否された」とも記していた。

同社説はまた「日本の右翼が朝日新聞が１９８０年代と90年代に出した記事の一部の撤回に乗じて、朝日新聞を攻撃し続けている」として、朝日新聞に慰安婦と挺身隊の混同などの誤報を書いた植村隆記者の最近の「右翼や超国粋主義者が暴力的な脅しで私たちを黙らせようとしている」との言明を紹介した。さらに同社説は結びの部分で改めて、「日本は朝鮮半島やその他の地域で何万人もの女性を強制連行して性的奴隷にしたことを認めた経緯もあり、それが歴史的な真実なのだ」と強調した。

しかし同社説は強制連行の根拠については「日本の主流の学者の多くと日本以外の研究者のほとんどは慰安婦多数の証言に基づき、この慰安婦制度がアジア全域での女性への日本軍将兵の性的暴行を許したことを歴史的真実として断定している」とだけ述べていた。

日本を叩く「反日映画」を紹介

ワシントン・ポストは'14年12月8日付に同紙コラムニストのリチャード・コーエン氏の「日本の歴史書き換えの習慣は将来に影響するか?」という見出しの記事を掲載した。同コラムも日本の慰安婦問題をめぐる議論について安倍晋三首相の主導で事実をゆがめる「ごまかし」が進行中だと断じていた。そのコラム記事には以下のような具体的な記述があった。

「日本は忘れることに必死の努力をしている。安倍晋三首相は戦争犯罪者など存在せず、日本は戦争の犠牲者だと示唆している」

「影響力の強い保守系の報道機関は政府からの激励を得て、日本国の戦時中の性的奴隷利用の（記録の）もみ消しを決意している」

「日本の一定の重要人物たちも戦争の歴史を書き換えることをいまや意図し、安倍首相の暗黙の同意を得て、朝日新聞に強い圧力かけ、日本の戦時の数万人の女性の性的奴隷への強制徴用を暴露した同新聞の記事を撤回させた」

「日本軍の女性の強制連行という歴史的事実は日本ではフィクションとして糾弾されるようになった。だがその犠牲者はもちろんのこと、あまりに多数の体験者がそれが事実だと主張している」

「突然の180度の逆転というのは日本文化の特徴なのだ。日本はペリーの黒船で突然、鎖国から開国、近代化の道を歩んだ。第二次大戦の敗北では突然、民主主義へと変身した。いまやこの突然の逆転の不吉な兆しがあり、過去を神話化しようとしている」

ワシントン・ポストの同コラムは慰安婦問題だけでなく日本軍の残虐性全般をもテーマとしていた。その関連で12月25日に全米で公開されるアンジェリーナ・ジョリー監督の映画「アンブロークン（屈しない）」について詳述していた。この映画は日本軍の捕虜となり虐待されたという元五輪選手のアメリカ人を主人公とし、日本側の虐待がこれでもか、これでもかと描かれる。同コラムはその映画との関連で日本側の戦時の細菌兵器開発や南京攻略事件などにも触れ、靖国神社はその種の戦争犯罪の象徴だとも断じていた。

ロサンゼルス・タイムズは12月12日付で「日本のナショナリストが慰安婦の歴史の修正

を試みる」という見出しの社説を掲載した。その内容には以下の記述があった。

「日本軍の特殊な性的奴隷システムでは朝鮮の女性たちが拉致されるか、強制徴用されて、日本軍部隊にセックスを供与することを強要された。だがいまや日本の一部の右翼ナショナリストたちはそんなことはまったくなかったと全世界を説得しようとしている。これはナンセンスだ」

「慰安婦に関する歴史の記録は明確なのだ。この性的奴隷システムに強制徴用された女性たちの記憶は明確だからだ。だが真実というのは日本の戦時の残虐行為の記憶を抹消しようとする日本のナショナリストたちにはその障害とはならないようだ」

「このナンセンスはいまや新たなレベルのばかばかしさへと到達した。ナショナリストたちは朝日新聞と、この性的奴隷制を最初に暴いた同新聞の記者の一人を攻撃し始めたのだ。彼らは20年も前の多数の記事のうち、たった一つの情報源の捏造をとらえて、朝日新聞が日本の戦時の行動全体について誤報を流したと主張するのだ。だがこのナショナリストの分析は慰安婦だった女性たちの多数の証言を無視している」

「こうした歴史をごまかすグロテスクな試みは安倍晋三首相による日本の過去の記録の再修正の努力をも反映している。安倍は日本を戦争の遺物から解放し、戦後の平和主義的な憲法を再解釈して、中国と対抗する強い軍事国家にしようとしているのだ」

「この種の歴史に関する不正直さは不快な事実をもみ消そうとする軽蔑すべき試みだ。日本の国家指導者は歴史をもてあそぶべきではない」

三大紙にみられる5つの特徴

さて以上のようなアメリカ三大紙の主張にはいくつかの特徴がある。

まず第一は最近の論議の核心となる慰安婦の強制連行問題に関しては、日本側、あるいは米側の一部でも確認された「日本軍による組織的な強制連行の証拠は皆無」という事実を無視して、一方的に強制連行の事実があったかのように断じる点である。この点の独断専行ぶりは滑稽なほどで、子供じみている。

第二には、その核心の強制連行について具体的な証拠をなにも提示できない点である。この三紙の主張のいずれもがその最大の論拠のように指摘するのは「慰安婦だった女性たちの証言」だった。だがそこでは具体的な記述がないだけでなく、この女性たちの個人の証言には日本軍全体としての組織的な強制連行の有無を判断する客観性はなにもない点も無視されている。

第三は、安倍晋三首相への根拠のない非難である。この非難は誹謗と呼んでもよい乱暴な次元にまでエスカレートしている。安倍首相が今回の朝日新聞の誤報訂正を実現させたような記述には論拠は示されない。安倍首相が戦争の歴史をすべて修正するために各方面に指令を出したかのような記述も事実の裏づけはない。

第四は、三評論いずれも「右翼」「ナショナリスト」「修正主義」など意味の不明なレッテル言葉をあまりに過剰に使っている点である。右翼などという用語は非民主主義、反動、軍国主義、ファッショなどという悪で負の印象だけを投射する。慰安婦問題での日本へのぬれ衣を事実関係の解明で晴らそうという側はすべて「右翼」「国粋主義者」と呼ばれるのだから、かなわない。

第五は、三評論とも朝日新聞の慰安婦報道での大誤報を軽視、あるいは無視している点である。朝日新聞が虚構の吉田清治証言を事実として報じ、長年にわたり、虚構の上に虚構を重ねていった長年の軌跡の重みは、米側の社説では一切、無視されるのだ。そしてまったく逆に朝日新聞の慰安婦報道が真実だったように提示するのである。

GHQを連想させる米メディア

ニューヨーク・タイムズ、ワシントン・ポスト、ロサンゼルス・タイムズという三紙の社説類の主張の特徴をこうしてたどり、全体を眺めてみると、そこに浮き上がるのは限りなく高圧的で傲慢なスタンスである。日本での思考や思想は自分たちの指示に従うべきだとさえ響く思想警察ふうの態度だともいえる。占領時代の連合国軍総司令部のGHQの機能さえ連想させる。ただしこうした態度がいまのアメリカ全体のそれではないことは強く付記しておくべきだろう。

慰安婦問題に対し米側は当初はあくまで「日本軍の組織的な強制連行」を糾弾し、日本の国家あるいは政府としての戦時行動の犯罪性を追及していた。だがいまのこの三大紙の主張は証拠や事実を無視して、問題の焦点をずらし、日本側の事実解明の努力を単に「右翼」というような侮蔑的用語でののしるのだ。その種の傲慢な攻撃は日本が民主主義的な手続きで選出している首相にまで浴びせられる。一体、何様のつもりなのか、とはまさにこういうケースを指すのだろう。

以上がアメリカ側三大紙の最新の日本観への考察である。

（2014年12月17日）

懲りない朝日がまたも歪曲報道を続ける

オランダ外相発言を焦点をぼかして日本を悪者にする報道

「強制売春」を「強制連行」に

朝日新聞は慰安婦問題報道では大誤報の自認の後もなお実態をゆがめる歪曲を続けている――

「日本軍による組織的な女性たちの強制連行」が虚構だったことを認めながらも、なお論点を巧妙にずらして、「強制」を拡大し、自紙の大誤報を正当化しようとする姿勢があらわだからだ。

朝日新聞の慰安婦問題でのそんな歪曲報道の最近の実例は、'14年10月5日朝刊第7面（国際面）に載った「『強制売春 何の疑いもない』」という見出しの記事だった。脇見出しには「インドネシア売春婦　オランダ外相発言」と記されていた。ハーグ発の梅原季哉記者の記事である。この記事の冒頭はまず以下のような記述だった。

「オランダのティマーマンス外相は3日、第2次世界大戦中に日本軍が占領した旧オランダ領東インド（現インドネシア）での慰安婦問題は、『強制売春そのものであることには何の疑いもない、というのが我々の立場だ』と発言し、慰安婦問題を巡る謝罪と反省を表明した河野談話について、見直しを求める日本国内の動きを牽制した。ハーグの同国外務省で、日本メディアを対象にした記者会見で発言した」

以上の朝日新聞の記述だけでも、もうこれまでの焦点をずらし、ぼかしている点が二つある。

第一はまず「強制売春」という用語の曖昧さである。

これまでのいわゆる慰安婦問題での日本糾弾ではまず「強制売春」という言葉はほとんど使われることがなかった。核心はあくまで「強制連行」だったのである。「強制連行」といえば、その主語は日本軍とされ、日本軍による組織的な女性の連行こそが日本の国家犯罪として糾弾されたのだ。それをこの記事は「強制売春」という、より定義の不明な、曖昧な言葉に入れ替えてしまった。

第二は「強制売春」という言葉の主語がわからない点である。

売春を強制したのは日本軍なのか、それとも中間に入った民間の売春業者なのか。この記事ではオランダ外相がどう解釈しているのか不明である。そもそも「売春」というのは文字どおり、セックスを売ることであり、基本的には違法合法は別として、商行為となる。商行為はサービスと対価のやりとりだから、基本的には強制ではない。需要と供給があって起きるわけだ。売春なら強制ではなく、強制なら売春ではない、ともいえる。だから「強制売春」という語には矛盾がある。

さて問題の記事の続きを紹介しよう。

「ティマーマンス氏は『河野談話は、この問題に関する両国間の対話の良い前提となってきた。我々は、日本政府が河野談話を継承する意向であることを完全に支持する』と表明」「1994年1月に、オランダ政府が公文書館で調査した結果をふまえて当時の外相が出した強制性についての報告書を根拠に『自発的な売春行為などではない』と断言。『実際に経験したオランダ国民はその子孫にとっては、今なお痛みを伴うことであり、両国が高官級で接触する際には、常に提起されるということを理解してもらいたい』とも語り、終わった過去の歴史ではないことを強調した」

以上の朝日新聞記事はこれまた最大焦点の「強制連行」にはまったく触れていない。慰安婦問題の核心部分としてあれだけ強調し、非難してきた「強制連行」という点は消してしまっているのだ。そしてもっぱら意味不明な「強制売春」という言葉で「強制」だけを強調してみせるのである。

「スマラン事件」には全く触れず

しかもこの記事は第二次大戦中のインドネシア内で起きた最大の慰安婦事件についてまったく触れていない。この事件を考えずにはインドネシアでのオランダがらみの慰安婦問題を考慮することはできないのだ。朝日新聞のこの記事がその事件をまったく提起しないのは意図的なカバーアップとも映る。そしてオランダのティマーマンス外相の実際の言葉がこの朝日新聞の報道の範囲を出ないのであれば、同外相の態度も不公正といわざるをえない。

この事件は日本軍が占領中のインドネシアで1944年に起きていた。スマランという町の慰安所に日本軍の一部の将兵たちによりオランダ女性30数人が連行され、セックスを強要された事件だった。後に「スマラン事件」と呼ばれた。

ところがこの事件は日本軍全体としては慰安婦には自由意思で志願する女性以外は雇ってはならないという明確な方針を保っていたことを逆に証明していた。

連行されたオランダ女性の父親が日本軍の上層部に直訴すると、上層部はすぐにその明確な方針に沿って、強制連行されたオランダ女性たちを解放し、その慰安所を閉鎖したのだった。

日本政府には批判的な立場から慰安婦問題を研究した吉見義明氏も著書『従軍慰安婦』のなかでオランダ政府の報告書などを根拠にスマラン慰安所事件の詳細を記述していた。

その記述を引用しておこう。

オランダ女性を連行したのはジャワの日本軍の南方軍幹部候補生隊の一部将校で、

（1）軍司令部は慰安所では自由意思の者だけ雇うようはっきり指示していたが、同将校たちはその指示を無視した

（2）連行された女性の父のオランダ人が日本軍上層部に強制的な連行と売春の事実を報告したところ、すぐにその訴えが認められ、現地の第十六軍司令部はスマラン慰安所を即時、閉鎖させた

（3）同慰安所が存在したのは2か月間だった。

（4）主犯格とされた将校は戦後、日本に帰っていたが、オランダ側の追及を知り、軍法会議の終了前に自殺した。

なお違法連行にかかわった他の日本の軍人、軍属ら合計11人が戦後の1948年、オランダ当局がインドネシアで開いた軍法会議で死刑や懲役20年という重罰を受けた。要するに日本軍でも上層部の命令に違反した戦争犯罪として罰されたのである。

しかし'07年のアメリカ連邦議会下院での日本糾弾の慰安婦問題決議案審議で開かれた公聴会にはこのスマラン事件の被害者の一人だったオランダ女性、ジャン・ラフ・オハーンさんが登場し、処罰済みの側面はすべて隠したまま、未解決の連行事件であるかのように被害だけを詳しく証言した。日本側がこの連行を認めず、謝罪も賠償もしていないかのような証言だった。いかにも日本軍全体が女性を強制連行していたかのように響く証言でもあった。

しかし現実にはオハーンさんが被害を受けた事件は、当時の日本側の規則や方針にも違反した犯罪行為として日本軍上層部によりすぐに停止され、さらに厳しい懲罰を受けていたのである。しかもこの事件は日本軍が全体の方針として「慰安所は自由意思の女性だけを雇うようはっきり指示していた」ことを立証していた。

だが、この公聴会では、このへんの事実はまったく知らされなかった。明らかに意図的に隠されていたといえよう。きわめて不公平なプレゼンテーションだったのである。

ミスを矮小化する朝日のやり口

アメリカでは「一事不再理」あるいは「二重訴訟の禁止」は憲法にまではっきりうたわれている。国際的にもほとんどの法治国家では同様である。一つの事件が裁かれ、判決が確定した場合、その同じ事件について再び公訴はできないのだ。オハーン証言を計画したアメリカ議会側は明らかにこの法治の原則を無視していた。

朝日新聞の前掲の記事が伝えたオランダ外相の「(慰安婦問題やオランダ女性の強制売春が)今なお痛みを伴うことであり、(オランダと日本の)両国が高官級で接触する際には常に提起される」という言葉も、公正だとはいえない。なぜなら、その「強制売春」はすでに軍事裁判で裁かれ、被告には死刑をも含む厳罰が科されたからだ。それをまた公式に糾弾することは明らかに「一事不再理」の原則に反する。

さらに日本は一連の戦争犯罪裁判でオランダを含む戦勝国側から裁かれ、1千人以上の日本国民が死刑となった。1万人以上が戦犯として懲役刑などを受けた。そのうえに国家としての日本はサンフランシスコ対日講和条約などで、オランダとの間では講和の合意を結び、戦時賠償をも済ませたのである。戦争に関連して相手側に与えた損害への賠償を国家同士で一括して済ますという作業だった。

であるのに、慰安婦問題に関して、オランダが日本に国家同士として「これからも常に提起される」と言明するのは、あまりに一方的だといえる。日本にとっては講和条約や軍事裁判で処理され、懲罰されたことを、あたかもこれまでなんの措置もとられなかったかのごとく糾弾されるのだ。

現在の日本国民の大多数がまだ生まれてもいない時代の出来事を、しかもすでに清算された出来事をなぜいままた責められ、謝罪を迫られるのか。オランダがそこまでの日本糾弾を続けるのならば、そもそもオランダのインドネシアの植民地支配の悪はどうなのかと問いたくもなるだろう。

朝日新聞の'14年10月5日付の記事はこうした背景も文脈もまったく無視したまま、オランダ側の一方的な主張を曖昧な表現で報道しただけなのである。その報道の姿勢や手法はオランダとインドネシアがからむ慰安婦問題の全体像を大きくゆがめた歪曲だと評さざるをえない。こうした記事の背後には自分たちの報道の大きなミスや作為を矮小化して、実は自分たちはまちがってはいないのだという本音がちらつくようにもみえるのである。

（2014年10月8日）

第6章

オバマ大統領は歴史に名を残したいのか？

オバマ大統領「核なき世界宣言」の危険

核兵器の全廃を説く一方でアメリカの指導力は弱まってきた

9月の米ロ会談をボイコット

バラク・オバマ大統領にとって'13年の夏はむごい季節となった。ホワイトハウスでの第二期のスタートを切って半年余り、内政も外交も行き詰まりが多く、とくに外交面でのアメリカの衰退や後退が目立つのだ。超大国アメリカのリーダーシップも先導もすっかり弱まり、日米同盟にさえ暗い影が広がり始めた。

日本では終戦記念日の8月15日、アメリカもエジプトでの大流血の報に揺さぶられた。つい最近まで中東のアラブ全域でアメリカの最も頼れる相手だったエジプトのムバラク政権が倒れ、民主的な選挙でモルシー政権が誕生した。だが同政権もムスリム同胞団に支えられ、イスラムの教えを強く政治に反映させて、国民の多くの反発を招いた。そして7月には軍部によるクーデターとなった。

軍部とモルシー派の衝突で数百人の死者が出たという悲報にもオバマ大統領はマサチューセッツ州の高級避暑地での夏休みを中止することもなく、「暴力を非難する」という簡単な声明を出しただけだった。その対応はアメリカが中東での指導権や関与をすっかり減らしてしまった現状の反映のようだった。オバマ政権は「アラブの春」が冬景色へと転じるのを座視した形だった。

シリアでの血なまぐさい内戦にもオバマ政権は介入しなかった。民主主義の反政府勢力が独裁政権側に大量に殺されても動かなかった。リビアでは'12年9月、ベンガジでアメリカ大使らがテロ攻撃で殺された。オバマ政権はテロだという事実を隠したため、いまなお議会から責任を追及されている。

対テロ闘争でもオバマ政権は「アルカーイダはすでに壊滅した」と何度か宣言した。だが'13年8月中旬、中東約20か国のアメリカ大使館を「テロの危機のために」閉鎖する措置をとった。国際テロ組織アルカーイダはまだ危険だというわけだった。

オバマ大統領はロシアとの関係も悪くしてしまった。米側の国家安全保障局（NSA）の職員だったエドワード・スノーデン容疑者がアメリカ政府のスパイ的な通信傍受活動を暴露して刑事訴追され、モスクワへ逃げた。ロシア政府は彼の亡命を受け入れてしまった。

反発したアメリカ側はオバマ大統領が9月に予定していたプーチン大統領との米ロ首脳会談をボイコットしたのだ。

オバマ大統領はもともと西欧のイギリス、フランス、ドイツという諸国とは付かず離れずだったが、スノーデン容疑者がアメリカの西欧諸国への通信傍受や盗聴作戦の内容を明かしたため、さらに距離が遠くなった。

「中国の大軍拡」も批判せず

オバマ大統領がこうして世界主要地域諸国の多くとの関係を冷たくしていくのは、ひとつには本来、外国への関与や価値観の対外拡散という姿勢が好きではないことによるといえる。アメリカが世界でも例外的な超大国としてリーダーシップを発揮するという姿勢を、同大統領は忌み嫌うのだ。

しかもオバマ大統領は軍事力を好まず、ソフトパワーの効用を説き、二国間同盟よりも多国間や国際的な機関を重視する。要するに従来のアメリカ大統領らしくないのだ。

「核なき世界」を唱えることもアメリカ大統領としては異端である。核兵器の全廃を説くこと自体、理想としては立派だとはいえ、その理想は当面の核抑止力の保持や強化という現実をおろそかにしがちとなる。

オバマ政権はアメリカの核弾頭や核ミサイルの数を一方的に減らし始めた。ミサイル防衛も欧州での配備を減らし、ブッシュ前政権の予定した予算よりも60億ドル分を削った。

一方、オバマ政権の善意に基づくような一方的な核戦力削減とは対照的に、ロシアが核ミサイルやミサイル防衛を増強し始めた。イランも依然、断固として核武装へと進む。北朝鮮も同様である。そして中国はいまや「世界で最も活発な弾道ミサイル開発」を進め、地上移動可能な多弾頭核ミサイルを配備する。

各国ともオバマ大統領が「核なき世界」の理想を説く間に、「核戦力増強」というまさに正反対の現実の道を疾走しているのだ。だからアメリカの核抑止に依存する日本は、核の面での不安を感じても自然だろう。

対決や衝突をとにかく避けたがるオバマ大統領の傾向は中国との関係をも変え始めた。オバマ政権全体としては中国の軍拡やサイバー攻撃には厳しい態度で応じている。アメリカ議会はさらに険しい対応をみせる。

だがそれでも、この6月、中国の習近平国家主席との異例の長時間にわたる首脳会談でオバマ大統領は中国側からの日ごろのサイバー攻撃を非難し始めたが、習主席から「中国は被害者だ」と軽くあしらわれ、それ以上、追及しなかった。中国の大軍拡にも批判は述べなかった。

歴史問題などでも中韓に同調

こうした対決を避ける傾向は、尖閣諸島問題へのオバマ政権のアプローチをも同盟の基本から脱線させかねないこととなる。アメリカが他国の領有権の衝突に対しては中立の立場をとるというのはわかるが、日本の同盟国として、アメリカが防衛を誓約する日本の施政権下の領海への中国艦艇による連日の侵犯も非難はしないのだ。

尖閣の現状を一方的に、しかも実力行使で変えようとしているのは明らかに中国なのに、オバマ政権はその点でも批判はしない。中国と日本をまったく並列において、両方への抑制を訴えるのだ。

オバマ政権は尖閣諸島への中国の軍事攻撃があれば、必ず日本を支援して防衛にあたる、とは決して言明しない。「尖閣は日米安保条約の適用範囲に入る」と述べるだけなのだ。

オバマ政権下のアメリカが果たして尖閣防衛のために中国との全面的な軍事衝突をも覚悟するかどうか。疑わしい点をどうも感じてしまう。

私も日米安全保障関係を30年余も考察してきたが、有事のアメリカの日本防衛に疑問を抱くようになったのは今回が初めてである。その点をオバマ大統領の特殊な思想と合わせて、解説した書をこのほど刊行した。『いつまでもアメリカが守ってくれると思うなよ』（幻冬舎新書）である。

しかしオバマ大統領の日米同盟へのやや距離をおく姿勢は、日本のいわゆる歴史問題にも意外な余波を投げ出した。日本の政治家の靖国神社参拝や慰安婦問題への対応に対するアメリカの態度を従来よりは日本にとって険しくしたようなのだ。ブッシュ前政権が黙認した靖国や慰安婦に関する日本側の動きにリベラル傾斜のオバマ政権は厳しく、結果として韓国や中国と同調するふうなのだ。こうした動きには中韓ロビーは敏感である。

カリフォルニア州グレンデール市で慰安婦像が設置されたことも、その敏感さの産物なのかも知れない。いずれにせよ、日本にとっては日米関係や日米同盟への対処が一段と難しくなる時代に突入した。

（2013年9月）

オバマ政権──靖国参拝を巡る真意を追う

共和党ブッシュ政権時の「日本支持」体制と明らかに違ってきた

日本を批判するNYタイムズ

日本の閣僚らの靖国神社参拝がアメリカ側でも論議を生んだ。いわゆる靖国問題は今回は従軍慰安婦とか「侵略」の定義という関連テーマとからんで日本側の、とくに安倍政権の歴史認識問題として提起された。靖国問題は7年ほど前の小泉政権時代にも、ワシントンでは論じられはしたが、当時とくらべ今回は批判的な論調が多くなった。その相違は、ブッシュ前政権とオバマ現政権の政治姿勢の違いにも帰せられるようだ。

ただし靖国問題へのアメリカの反応には、光と影があり、いちがいに「アメリカはとにかく日本を批判」とみるのも正確ではない。日本側の反靖国、反安倍政権のメディアがことさら米側の批判的な言辞を拡大して伝え、いわゆる歴史問題での安倍政権に対する「アメリカ・カード」として政治利用するという側面にも注視すべきなのだ。

靖国神社の春の例大祭に合わせて国会議員合計168人が'13年4月23日、集団で参拝した。麻生太郎副首相ら閣僚計4人も同時期に参拝をした。中国や韓国の政府はすぐに日本側でのこの参拝を「軍国主義の復活」とか「侵略戦争の美化」として糾弾した。

アメリカ側ではニューヨーク・タイムズがさっそく4月24日付の社説で「日本の不必要なナショナリズム」と題しての批判を表明した。

「日本の168人もの議員たちが第2次大戦で戦犯とされ、処刑された指導者たちをも含む戦没者を祀った神社に参拝した。この神社の問題は日本の20世紀の帝国構築と軍国主義に苦しめられた中国や韓国にとっては非常に神経を悩まされる」

そしてニューヨーク・タイムズ社説は、日本は中国との間では尖閣問題、韓国との間では北朝鮮の脅威への共同対処という大きな課題を抱えているときに、政治家の靖国参拝で「(中韓の)敵意を煽る」ことは避けるべきだ、と主張していた。

日本の大手メディアはこの社説を「アメリカも靖国参拝には反対」の例証として報道した。

学界でも民主党系の大手外交研究機関「外交評議会」の日本研究部長シーラ・スミス氏が「なぜ靖国の分裂的な政治論議を再燃させるのか」という論文を発表して、やはり靖国参拝への反対を述べた。

こうした動きをみると、アメリカの官民すべてで日本の政治家の靖国参拝への反対や、さらには靖国神社の存在自体への否定が渦巻いているかのような印象を受ける。この種の動きをことさら拡大して、安倍政権非難の火の手をつけようとする一部の日本メディアの報道ぶりには、とくにそんな構図を誇大に描く意図を感じさせられる。

シーファー前大使の注目発言

しかし、アメリカの現実はそんな構図とは異なる。まず最初に明記すべきは同じ米側の反応でも反発の対象が靖国参拝だけなのか、侵略の定義なのか、さらには従軍慰安婦問題なのか、区分しなければならない。

第2次大戦自体が日本の侵略戦争だったのか否か。この点は戦争相手国のアメリカにとっては重大である。日本が最初に攻撃をかけて始まった戦争が日本の侵略性は全くなかったと宣言されれば、アメリカは本気で反対せざるをえない。ことは東京裁判の全否定にもつながりかねないのだ。慰安婦問題も靖国参拝問題とはいくつかの点で別次元の課題である。

そこで焦点を日本の政治家の靖国参拝だけに絞ると、まずオバマ政権は公式には日本側に対し批判的な言明は一切していないことがわかる。アメリカ議会でも反対声明などは出ていない。この点では'13年5月3日のワシントンでのシンポジウムでトーマス・シーファー前駐日大使が「国のために命を捧げた人たちを悼む心情は理解できる」と述べ、日本側での靖国神社参拝への共鳴を明らかにしたことは注視される。

日本が普通の国家らしくあろうとする動きにはすべて反対するニューヨーク・タイムズでも、今回の社説は日本側での靖国参拝自体を軍国主義復活だなどとして非難することはなく、中国や韓国の反発を招くことこそが、自粛すべき理由になると主張していた。

ワシントン・ポスト4月28日付の社説も「韓国も中国も自国内部の政治目的のために反日感情を煽りたてることがよくある」と述べ、中韓両国の靖国参拝非難にも、そうした自国の内政からのゆがみがあることを示唆していた。

とくに中国に限れば、日本の首相や閣僚の靖国参拝への反対は中国独自の政治計算による加工品だから注意せよという指摘は、かつてアメリカ側の識者たちから出ていた。靖国問題は中韓の抗議にも毎年の参拝を頑として欠かさなかった小泉首相の任期後半の'06年、米側の専門家らから次のような意見が表明されていた。

「中国は靖国問題を利用して日本の安保政策や国内の政治の勢力図を変えようとしているのだから、日本側はその圧力に屈してはならない」(米中経済安保調査委員長のラリー・ウォーツェル氏)

「靖国が象徴する戦争の歴史問題は日米間ではすでに解決されており、米側がそれを蒸し返すことは非生産的」(民主、共和両党政権での東アジア国家情報官だったロバート・サター氏)

オバマ政権「左傾化高官」の影

こうした意見が表立って述べられていた背景には、当時の共和党ジョージ・ブッシュ政権が日中間の靖国などの争いでは一貫して日本側を支持していたという事実も大きい。

今回は、靖国問題で日本の立場を正面から支持する意見が、米側でほとんど表面に出ないのは、第一には安倍首相が「侵略」の定義にまで踏み込み、日米間の戦争の米側の基本認識に挑む形となったことが大きいだろう。

第二にはいまの日本が中国との尖閣での衝突、韓国との北朝鮮への共同対処という大きな対外課題を抱えた現状では、靖国参拝であえて新たな対外摩擦を増さないほうがよいという「外交的な計算」を重視する向きも多いことだといえよう。

第三には、オバマ政権の高官のなかに日本の政治家による靖国参拝にかねてから強く反対してきた左傾の人物が複数いることがあげられる。

その代表はウェンディ・シャーマン国務次官、エバン・メディロス国家安全保障会議アジア部長だという。これらの高官は、このところワシントン来訪が多い日本の閣僚、官僚に非公式に「靖国参拝反対」を伝え続けている。

こうした動きから、今後日本側で安倍首相や閣僚多数が靖国神社を参拝した場合、オバマ政権が韓国や中国に同調する形で反対の公式声明を出す可能性がある。その場合の日本への不利を考え、いまの段階での日本側の自粛を期待する向きもアメリカ側では多いようなのである。

その後の'13年12月26日、安倍首相は靖国神社を参拝した。オバマ政権はあえて公式声明を出して「失望」を表明したのだった。私の「オバマ政権が反対の公式声明を出す」という予測は的中した。だが残念な展開だった。

（2013年5月）

安倍首相の「靖国参拝」に失望しないアメリカ人

次期大統領候補ほか中国の軍拡のほうを問題視する関係者も多い

会談でも触れないルビオ議員

安倍晋三首相の靖国参拝が日米両国間に複雑な影を広げた。2013年12月、オバマ政権が表明した「失望」は日本にとって中国や韓国からの年来の反発とは異なり、同盟国アメリカからの初めての抗議とあって、その意味の読み取りは重要となった。だが日本側の朝日新聞など大手メディアが主体となって報じたのは、アメリカ全体が安倍首相の参拝に失望し、激怒さえしているという構図ばかりのようだ。ところが現実はそうではないことをワシントンから報告したい。

まず、国政の最上層ともいえる連邦議会上院で共和党の有力政治家たちが、すでにオバマ政権の靖国問題での日本への「失望」表明にはっきり反対を述べるようになった。アメリカといえば、ときの政権の動きが最重要であることは言をまたない。だが外交政策では議会の野党勢力の意見が与党の行政府に影響を及ぼすことも多い。共和党は連邦議会の下院では多数派を占めているのだ。

そんな背景の中で共和党の星とも目される人気政治家のマルコ・ルビオ上院議員が靖国参拝などの歴史問題について「アメリカの政策担当者が関与し、日本や韓国にどうすべきかを告げることは生産的ではない」と明言したことは、とくに重視されるべきだろう。

ルビオ議員といえば、いまの共和党側で最も注目される若手のホープである。フロリダ州でキューバ難民を両親として育ち、苦労しながら弁護士になり、'10年の上院選で当選を果たした。いま42歳だが、政策通で演説も上手、独特のオーラを放ち、'16年の大統領選では共和党側の有力候補に目されることが確実である。

ルビオ議員は前述の見解を'14年1月24日、訪問先のソウルで述べた。上院外交委員会の東アジア太平洋問題小委員会の共和党側筆頭委員としての訪問だった。韓国側の大手シンクタンクでの演説の後、韓国の新聞記者からの質問に答えて靖国参拝などにはアメリカ政府は関与すべきでないとして、オバマ政権の「失望」表明に反対したのだった。韓国側でも日本側でもこの発言は報道されなかったが、ワシントンですぐに明らかとなった。

ルビオ議員は韓国の前に日本を訪れ、1月21日に安倍首相と会談した。その際にも靖国参拝には一言も触れず、安倍首相の安全保障面での政策をもっぱら称賛した。ルビオ議員が首相の参拝に失望などまったく感じていないという基本姿勢が明白だった。同議員は訪日前に応じたＮＨＫのインタビューでも「アジア各国の歴史を克服しての前進」を説き、安倍首相の参拝を批判する姿勢には背を向けた。

軍国主義結びつけは「傲慢」と

共和党では上院の長老のジョン・マケイン議員も'14年1月中旬、靖国参拝など歴史がらみの課題では、むしろ韓国側に「傷口を癒やす」ことの重要性を訴えていた。同議員は訪米した日本側の中曽根弘文参議院議員らに、その韓国側への訴えについて語っていた。日本だけを非難するオバマ政権の態度とは明らかに異なっていた。共和党の大統領候補ともなったマケイン議員も上院外交委員会の一員である。

このように靖国問題をめぐる日本への対応では共和党側はオバマ政権とは反対の、つまり「失望」ではない政策姿勢を打ち出してきたといえるのだ。共和党のブッシュ前政権は小泉純一郎元首相の毎年の靖国参拝に対し、なにも発言しなかった。それどころか中国の高圧的な日本非難に批判的だった。この歴史をみても、オバマ政権の「失望」がアメリカ全体ではないことがさらに明白となる。

とくに共和党でも保守派でもない国務省元日本部長のケビン・メア氏がオバマ政権の「失望」への反対を強く述べたことも注視される。ワシントンのインターネット論壇への寄稿でメア氏は「オバマ政権も含めて米側の参拝反対論者が、安倍首相の平和や不戦の誓いの参拝説明を無視して、軍国主義とだけ結びつけ、参拝するなと命令するのは傲慢に過ぎる」と主張した。

メア氏は、次のようにも述べるのだった。

「（オバマ政権の主張する）アジアでの緊張の原因は靖国ではなく、中国の軍拡なのだ。安倍首相が自分たちの指令に従わないことに憤慨するアメリカ側の論者たちは、もう靖国は忘れて、アジアでの米側の真の利益について考えるべきだ。中国を抑止するために日米同盟の強化に努める安倍首相の実績を評価すべきだ」

オバマ政権の日本批判への正面からの反対なのである。

「アーリントン墓地」とも共通

ワシントン最大手の研究機関で、保守系の「ＡＥＩ」の日本研究部長マイケル・オースリン氏も、オバマ政権の安倍参拝批判を「同盟国を傷つける」として非難した。

同氏は有力紙ウォールストリート・ジャーナルへの寄稿で、次のようにも主張した。

「安倍首相はオバマ政権の批判を覚悟のうえで、同盟強化の実績を示しながら、参拝を実行して、歴史問題ではもう中韓両国の意のままにならないという姿勢を示した。このまま参拝を自粛しても中韓の対日態度は決してよくならないと判断したのだろう。オバマ政権の『失望』表明は同盟国の弱体化に等しい」

オースリン氏は参拝を当然視するほどの理解を示す一方、靖国の戦犯合祀はアーリントン国立墓地の南軍将兵埋葬に共通するとの認識をも示した。南軍の将兵を追悼しても奴隷制の礼賛にはならない、つまり靖国参拝もA級戦犯の言動の賛美ではない、という主張だった。

元国防総省日本部長のジェームズ・アワー氏は日本の新聞への寄稿で「オバマ政権は中韓両国にこそ失望を表明すべきだった」と論評した。

同氏は次の骨子を主張した。

「中韓両国は、日本のアジアでの平和や安定への貢献を一切、認めず、尖閣や竹島での強硬措置で日本との緊張を高めている。アメリカはこのことにこそ失望を表明すべきではなかったか。安倍首相の積極平和主義に基づく日米同盟への貢献や地域安定への寄与を、アメリカは評価すべきなのだ」

アワー氏もまさにオバマ政権が日本に向けた「失望」に対して、失望したと述べているのだった。

ジョージタウン大学のケビン・ドーク教授が年来、日本の首相らによる靖国神社参拝に強い理解や共鳴を述べてきたことも、すでに広く知られている。

「日本の政治指導者が自国の防衛のために生命を犠牲にした先人たちの霊を悼むのは当然の慣行だ。精神や霊の世界、心の問題であり、他国の政府が干渉すべきではない。日本の首相はいまよりももっと頻繁に靖国を参拝すべきだ」

アメリカ側に厳存するこうした意見は日本側としても銘記しておくべきだろう。アメリカ側は決して「失望」だけではないのである。

（2014年2月）

「核の傘」はもう日本を守ってくれないのか？

国防総省シンクタンクが警告する日米安全保障の実態

米国防大学の研究所が「指摘」

日本の安全保障での中国や北朝鮮に対する「核のカサ（傘）」が揺らぎ始めた——こんな警告がアメリカの国防総省機関から発せられた。日本側での最近の安全保障論議ではまったく触れられない重要な課題である。国防総省のシンクタンクともいえるアメリカ国防大学の国家戦略研究所（ＩＮＳＳ）が'15年3月に作成した調査報告書での指摘だった。

「核のカサ」とは核抑止のことである。いまの世界の現実の安全保障では、大多数の国は自国を守り、戦争を防ぐ手段として程度の差こそあれ、「抑止」戦略に依存している。抑止とは万が一、自国に対して武力攻撃を企図する国があれば、その最悪の事態に備え、武力で断固として反撃し、侵略を砕く、あるいは相手に重大な損害を与えるという意図と能力を明確にしておくことによって、潜在敵国の武力攻撃を抑える、というメカニズムの戦略である。

どの国でも戦争のための戦争をしたいというケースはない。政治や経済あるいは領土上の目的があるからこその軍事行動である。だからその軍事行動をとった場合のマイナスがプラスよりも大きいという展望があれば、普通の国はその行動を抑制する。攻撃を受けそうな側の国からすれば、相手が攻めれば、必ず大打撃を与えるぞという態勢を明示しておけば、相手の軍事行動を未然に防げる。こうした思考が抑止論なのだ。その抑止にも通常戦力と核戦力があり、想定される事態が核の場合が核抑止である。

日本は周知のように非核の政策を掲げる国である。だがすぐ隣には核兵器の開発を進める北朝鮮が存在する。さらに核兵器の大量保有を公式に認められた中国がある。日本はその両国と利害を衝突させる事例が多い。もし中国や北朝鮮が日本に対し核攻撃の威嚇によって不当な要求を突きつけてきた場合どうするのか。日本は自力だけでは屈服するほかない。

日本はこのためアメリカの核抑止力を自国に対する核抑止として引きこんできた。全世界でも圧倒的に強い核戦力を持つアメリカは核抑止は単に自国だけでなく、日本のような同盟諸国にも提供するわけだ。その場合のアメリカの核抑止は他国にも拡大されて提供されるという意味で「拡大抑止」と呼ばれる。日本は「防衛計画の大綱」でも「核兵器の脅威に対する基本姿勢として核抑止力を中心とするアメリカの拡大抑止は不可欠である」と明記してきた。

だから、たとえば中国が日本に対し尖閣諸島の放棄を迫り、日本がもし応じなければ、核攻撃も辞さないと威嚇してきた場合、中国が万が一、日本に核攻撃をすれば、アメリカは日本への「拡大抑止」の保証に基づき、中国に核攻撃の報復をするという誓約に従い、その姿勢を示す。その姿勢があれば中国は核の威嚇も攻撃も抑制することになる。これが核の拡大抑止の機能である。

さてこんな年来の日本にとってのアメリカからの「核拡大抑止」が揺らいできたとする警告は前述のアメリカ国防大学のＩＮＳＳが'15年3月にまとめた「米日同盟＝防衛協力指針（ガイドライン）調査」という報告書で明らかにされた。ＩＮＳＳのジェームズ・プリシュタップ上級研究員が作成の中心となった調査と提案の報告である。プリシュタップ氏はアメリカの民主、共和両党歴代政権の国防総省や国務省の高官として日米同盟にかかわってきた。

この報告書はいま大詰めを迎えた「日米防衛協力のための指針」の改定作業にタイミングを合わせて作成された。日米同盟を強化し、日本の防衛をアジアの安全保障の新環境に適合させるためのこの改定作業は4月末の安倍晋三首相の訪米にも時機を合わせた完結が期待されていた。

中国&北朝鮮の危険が高まる

同報告書は同指針の改定にあたって日米同盟への主要な課題として「戦略的な収束」「日本の周辺事態」「拡大抑止」「グレーゾーン（灰色の領域）」「集団的自衛権」などを指摘した。だがなかでもとくに重要性を強調したのが「拡大抑止」だったのだ。「拡大抑止」の揺ぎや弱化に関連して、同報告書は次のような骨子を述べていた。

▽北朝鮮が核兵器と弾道ミサイルの開発によりアメリカに対する効果的な攻撃能力を持つにいたり、アメリカが日本への拡大抑止を事実上、機能させない、つまり自国への核抑止と同盟国への核抑止を切り離す「ディカップリング」の可能性を北朝鮮当局が信じ始めた気配がある。その場合、北朝鮮はアメリカによる核の報復や通常戦力での大規模報復を恐れずに、日本への威嚇や攻撃をかけることができる。アメリカとしては自国領土への破

壊的な攻撃を受けることを覚悟してまで日本防衛のために北朝鮮に攻撃をかけることをためらうようになる、という懸念あるいは計算だといえる。
▽中国も北朝鮮以上に、アメリカ本土への直接の核攻撃の能力を着実に高めている。その結果、中国当局者は日本と中国との軍事衝突で米軍がただちに大規模介入し、中国本土を攻撃する可能性は低くなったとみる。北朝鮮との衝突シナリオと同様に日本防衛のために中国からアメリカ本土への大規模攻撃を覚悟することへのアメリカのためらいは中国の核戦力がより強大であるだけに、さらに大きくなりうる。その結果、中国は日本に対する領土拡張や海洋進出の冒険的な膨張主義の行動をますます強めることとなる。
同報告書の警告とはこうした趣旨なのである。その背景には中国が日本全土を射程におさめる中距離、准中距離の各種ミサイルを数百単位で保有し、なお核弾頭装備も含めて強化しつつあるという現実がある。北朝鮮も日本に照準を合わせたノドン・ミサイル多数の配備はすでに知られている。日本にとっての中国と北朝鮮の核の脅威はすでに存在するのである。日本はこの核の脅威をアメリカの拡大抑止によって抑えてきたわけだが、その拡大抑止がいまや揺らぐという深刻な事態がこの報告書で指摘されたのだ。

日本では自衛力の「歯止め」議論

同報告書はこういう懸念すべき状況に対して日米両国が米側の日本への拡大抑止のきずなを改めて確認し、強化することを提唱する。そのためには日本国内でも核抑止や拡大抑止、さらには中国や北朝鮮の核の脅威について積極的に論議することをも提案していた。

しかし肝心の日本国内での安全保障論議ではこんな課題はまったく提起も言及もされない。語られるのはもっぱら敵の脅威への対処よりも自国側の防衛力をどう縛りつけるかという「歯止め」論ばかりである。

日本の平和を崩すのは国外からの攻撃や脅威なのだ。だがその国外での状況をまったくみず、語らず、日本の内側だけを自虐的に抑えつけ、自衛力を自縄自縛にしようとするのがいまの日本の安保論議として映る。中国や北朝鮮の核ミサイルよりも自国の自衛隊をより危険視するというような異様な姿勢なのである。これでは砂に頭を突っこんで、周囲をみないダチョウの安全保障論議とも思えてくる。

今回のアメリカ国防大学国家戦略研究所の報告書は日本の安全保障論のそんな国際的異端をも、まざまざと浮きぼりにしたともいえるようなのだ。

（２０１５年４月８日）

安倍政権を叩くマイク・ホンダ議員の正体

中国系組織のロビーやマネー影響力を分析すべきだ

ホンダ氏の活動を支える組織

またあのマイク・ホンダ議員か！

安倍晋三首相の訪米への否定的な動きを追っていて、そんな実感に襲われた。

'15年4月27日にアメリカの首都ワシントン入りした安倍首相は国賓級の歓迎のなかでオバマ大統領との首脳会談やアメリカ議会上下両院合同会議での演説など活発な活動を予定していた。訪米の主眼は日米同盟の堅持や経済・貿易面での日米協力など前向きなきずなの強化におかれていたが、ほぼ唯一、前向きではない課題として慰安婦などの歴史問題がちらついていた。この歴史問題での安倍首相への米側での批判や抗議の中心人物はどうみてもマイク・ホンダ下院議員なのである。

なぜホンダ議員なのか。なぜホンダ氏は日本や安倍政権のあり方のなかで「悪」のみをプレイアップする形でこれほどまでに追及するのか。なにが彼を日本叩きに駆り立てるのか。この時点でその背景に改めて光を当てることも今後の日米関係での、とくに歴史問題を考える際に有益となろう。

民主党リベラル派のホンダ議員は周知のように'07年7月にアメリカ下院本会議が採択した慰安婦問題での日本糾弾決議の推進でも議会での中核となった。'14年12月には韓国に招かれ、朴槿恵大統領と会談して、慰安婦問題について日本非難の共同の声明を出した。今回の安倍首相訪米に先立ってもホンダ議員は'15年4月21日、下院本会議で演説して、安倍首相に米議会演説で慰安婦問題について改めて公式の謝罪を表明することを求めた。

ホンダ議員は4月23日には他の下院議員に呼びかけて安倍首相が議会演説で村山談話と河野談話の趣旨の引き継ぎを明言することを求める書簡を日本政府に送った。この書簡にはホンダ氏本人を含めて民主党議員17人、共和党議員8人が署名した。同時にホンダ議員は安倍首相訪米にタイミングを合わせて韓国から訪米した元慰安婦の李容洙氏の先導かつ後見の役割を果たし、日本非難に唱和している。

ホンダ氏は日系米人2世を両親に持つアメリカ生まれの日系3世である。他の日系人一般にくらべてここまで現在や過去の日本国のあり方を手厳しく非難するという実例はきわめて珍しい。その点ではホンダ氏が在米の反日の中国系組織「世界抗日戦争史実維護連合会」（以下、抗日連合会と略）と長年の密接な協力関係を保ってきた軌跡が明らかに大きな役割を果たしているといえよう。ホンダ氏は抗日連合会と日本糾弾の活動では実際に緊密な共闘を進め、政治家としての資金の面でも抗日連合会がらみの中国マネーを長年、受け取ってきたのである。

もちろん、アメリカの政治家が自己の信条から日本国や日本の首相への辛辣な非難を表明することは決して不自然ではない。不適切でもない。中国や中国系の政治組織ときずなを持つこともまったくの自由である。しかしその政治家と特殊な連携を保つ中国系団体が歴史問題を利用して日本を叩くことを活動の主眼としているとなると、実態はやや変わってくる。ましてその団体が政治活動の内容でも、政治資金でも、その政治家と長年、一体になってきたとなると、その政治家への中国側のロビーやマネーの影響力を主要因として考察せねばならないだろう。さらにはその中国系団体が中国政府と連携しているとなれば、事態は深刻だともいえる。

マイク・ホンダ議員と抗日連合会の間には、そんな考慮を迫られるだけの特別のきずなが存在するのである。そしてその実態を知ることは日本側としても今後の対米関係や対中関係を考える際の有力な指針になるともいえよう。

アイリス・チャンの背後にも

さて抗日連合会は、公式には'94年に全世界の華僑、中国系住民によって結成された国際規模の組織だとされる。本部をカリフォルニア州クパナティノにおくが、中国の政府や共産党と密接なきずなを保つ反日組織でもある。本部がアメリカだから、あくまでアメリカの団体ともいえるわけだ。

抗日連合会をあえて「反日」と呼ぶのは同連合会自身が「日本は戦争中の中国での残虐行為に対し、ドイツと異なり、謝罪を表明したことも、悔いを表明したこともない」と断じているからだ。日本の戦後の講和条約での謝罪や賠償も一切、認めないのだ。戦後の独立国としての日本の出発の基盤を認めないのだから、その活動は反日と定義づけるほかにない。

しかも抗日連合会は中国共産党政権と密接に結びついている。その一例として同連合会は'05年春、中国政府の意を体する形で日本の国連安保理常任理事国入りの動きに反対して、あっというまに全世界で合計4千200人からの反対署名を集めたと宣言した。その作業は中国共産党の機関紙の人民日報でも大きく報じられ、署名や当時の国連事務総長に提出された。

アメリカ内では抗日連合会は'90年代から日本の「戦争犯罪」や「残虐行為」を喧伝し、非難する政治集会を頻繁に開いてきた。'97年から'98年にかけては、あのアイリス・チャン著の『ザ・レイプ・オブ・南京』の宣伝や販売に総力を投入して、同書を全米ベストセラーにまで押し上げたこともある。

その抗日連合会は'90年代からカリフォルニア州の州会議員だったマイク・ホンダ氏と日本非難の共闘を続けてきた。同連合会の創設者の一人、中国系米人のイグナシアス・ディン氏は'99年にカリフォルニアの新聞に以下のように語っていた。

「私はマイク・ホンダ氏とともにカリフォルニア州議会に出す決議案の草案を書いた。日本の南京大虐殺、731細菌部隊、米人捕虜虐待問題、慰安婦強制徴用問題など日本の『戦争犯罪』を追及し、その責任を問う意図の決議案だったが、州議会では採択され、ホンダ氏との共闘は成功した」

そのホンダ氏はこの決議案が州議会で採択された翌年の'00年に連邦議会への立候補を宣言し、当選した。そのプロセスでは抗日連合会の幹部たちとの緊密な連携プレーが一貫してあった。その連携は'07年の下院決議にまで及んだわけだ。

抗日連合会幹部が次々と献金

ここでは抗日連合会とホンダ氏の資金面でのつながりをまず報告しておこう。ホンダ氏の下院議員選挙では同連合会の幹部たちがこぞって献金をしていたのだ。その実態の一部をアメリカ連邦選挙委員会の記録と民間の研究機関「有責政治センター」の発表から以下に紹介しよう。

▽抗日連合会の発起人・役員イグナシアス・ディン氏は'00年2月、8月、'02年2月に各1千ドル、計3千ドルをホンダ氏に献金した。

▽同発起人・役員ジョセフィン・ディン氏は'00年8月に1千ドルを献金した。

▽発起人・役員キャシー・ツァン氏は'00年2月と6月、'00年11月に各1千ドル、'03年6月に2千ドルの計5千ドルを献金した。

▽抗日連合会元会長ベティ・ユアン氏は'00年2月に200ドル、'02年2月に1千ドルの計1千200ドルを献金した。

▽同発起人・役員ギルバート・チャン氏は'02年2月に250ドル、同年3月と7月に各500ドルの計1千250ドルを献金した。

以上の個々の金額が少ないのはアメリカの法律によって1回の選挙での1回の献金の限度が2千300ドルと規定されていたからだといえる。だがホンダ氏にとっては貴重な寄付金だった。しかも寄付をした個人の顔ぶれから、明らかに抗日連合会が組織ぐるみでホンダ氏を財政面でも支援してきたことが証されていた。

だからホンダ議員はアメリカで反日活動を組織的、系統的に続ける中国系ロビー団体とのきずなが異様なほど強いのである。現在の同議員の活動を表面で眺めると、中国よりは韓国との距離が近いようにもみえる。しかし水面下の過去の動きを探ると、実は中国との非常に堅固で緊密なきずなが存在することがわかるのだ。

ホンダ議員は'01年に連邦議会下院での議員としての活動を始め、慰安婦問題での日本糾弾の決議案を抗日連合会と連携して、何度も繰り返して下院に提案するようになった。その試みは民主党が上下両院で過半数の議席を得た'07年に成功するわけだが、ホンダ議員がその準備にあわただしかった'06年には中国系の次のような組織の幹部たちからも継続した政治献金を受けていた。それら資金提供者の一部は次のようだった。

▽中国共産党下での全国協調組織の「中国人民政治協商会議」広東省委員会顧問のフレデリック・ホン氏。
▽日本の「残虐」や「侵略」を恒常的に糾弾する反日団体「アジア太平洋第二次大戦残虐行為記念会」事務局長のチョファア・チョウ（周筑華）氏。
▽「南京虐殺」の記念館を首都ワシントン地区にも開設しようという運動を続ける中国系組織「中国ホロコースト・アメリカ博物館」役員のビクター・シュン（熊）氏。
こうした中国系活動家たちがホンダ議員の資金面での支持者としてずらりと名前を並べているのである。日本側としてはホンダ議員の背後に存在するこうした中国系勢力をみすえてのホンダ議員対策、さらにはアメリカでの歴史戦対策を築かねばならないのだ。

（2015年4月28日）

アメリカ議会で広まる「反日団体」の危険行動

―IT企業の若手顧問弁護士が「抗日連合会」と組んで中国政府を支持

反日団体の軌跡

アメリカ国内での反日の動きが止まらない。韓国系と中国系の勢力とが別個に、あるいは連帯して、慰安婦問題、南京事件、米軍捕虜処遇、靖国参拝問題といった日本の過去や歴史にからむ案件を取り上げて現代のトラブルに仕立て上げ、いまの日本を叩く。

なかでも最も長期かつ強大な動きを展開しているのは前述の中国系政治組織の「世界抗日戦争史実維護連合会」(以下、抗日連合会と略)である。

抗日連合会の活動目的は「日本に戦争での残虐行為の責任をとらせる」ことだという。日本に対する戦争犯罪裁判も講和条約前後の日本による賠償や謝罪も、一切、認めていないのだ。この点だけでも「反日」という特徴は明白である。

抗日連合会はこれまでアメリカを舞台に日本の戦時の行動を糾弾し、訴訟や抗議や宣伝、そしてロビー工作と、多様な活動を展開してきた。最近の韓国系勢力が表面に出てのアメリカ各地での慰安婦の像や碑の建設も、同連合会は自組織の「成果」として喧伝している。また、中国政府とも直接の協力関係があることを隠していない。

その抗日連合会がアメリカ国内でまるでロボットのように動かしてきたのが、連邦下院のマイク・ホンダ議員（民主党）だった。前述のようになんと'96年ごろから当時カリフォルニア州議会議員だったホンダ氏を日本の「戦時の残虐行為」糾弾の活動に巻き込んだのである。

同連合会の創設時からの幹部イグナシアス・ディン、ベティ・ユアン両氏ら中国系米国人たちはホンダ氏に密着して資金まで拠出し、'01年には連邦議会下院に送り込むことに成功した。

「知的所有権」のやり手弁護士

ホンダ議員は連邦議会でも同連合会の意を体して、日本非難の慰安婦問題決議案を提出し続けた。そして'07年7月には、下院本会議でその採択を果たしたのだった。抗日連合会側の目的は中国共産党と連携して、日本という国に常時、圧力をかけ、評判を落とし、中国側への服従を図ることだといえる。

ところが、そのホンダ議員が'14年の改選では抗日連合会から切り捨てられてしまった。すでに連続当選7回、14年間も下院に在籍してきたベテランのホンダ議員に対し同じ民主党から新人の対抗馬が立ち、抗日連合会はその新人を全面支援するようになったのだ。この事実はアメリカの反日中国ロビー組織の非情さや計算高さを示している。

ホンダ議員の選挙区はカリフォルニア州第17区である。サンフランシスコの南東に位置し、サンノゼ市の一部からフリーモント、サニーベイル、クパティーノ各市など、シリコンバレーを抱える。選挙区内にはアップル、グーグル、ヤフー、シスコ、インテルなどというＩＴ企業の本社がある。住民は中国系をはじめとするアジア系が全体の51パーセントを占めるという全米でもユニークな地域でもある。

この選挙区で72歳の現職のホンダ議員に同じ民主党から挑戦したのは37歳のロー・カナ氏だった。名門のエール大学法科大学院を出た弁護士で専門はハイテク関連の知的所有権、地元の大手法律事務所に所属し、巨大ＩＴ企業をも顧客としてきた。カナ氏はインド系で'08年のオバマ選対でも活躍し、第一次オバマ政権では商務次官補代理にも抜擢された。「21世紀の政治を！」というスローガンで若さと新鮮さを売り物に、'14年11月の連邦議会選に備えるカナ候補は外見もよく、弁舌もさわやかである。ベテランのホンダ議員との戦いは、全米の関心を集めている。

この戦いでは、驚いたことに中国系の票や資金を動かす抗日連合会が長年の盟友のはずのホンダ氏を切って、カナ氏支持を明確にしたことだった。一体なぜなのか。

「尖閣問題」で中国を完全支持

そのカギはまずカナ氏が初めて立候補を表明する直前の'13年2月、地元の有力紙に出した寄稿論文だろう。カナ氏は、なんと抗日連合会現会長のピーター・ステニク氏、副会長のディン氏との3人連名の論文で尖閣問題を取り上げ、中国政府の主張を全面的に支持したのだ。しかもアメリカ政府に対し、これまで日本支持に傾いてきたと批判を展開した。

一方、ホンダ議員は尖閣問題では領有権でのアメリカ政府の中立を支持し、中国側の領有権を認めることは避けていた。抗日連合会の主張とは明らかに異なってきたのだ。慰安婦問題など歴史案件では、同連合会との歩調をまったく合わせてきたホンダ議員も、現在の領土紛争までは中国支持ができなかったということだろう。この点が抗日連合会から引導を渡された理由のようだ。

他方、カナ候補は中国系勢力との連帯を強め、中国語の選挙用サイトを新設し、自分も最近、覚えた中国語で中国系有権者にアピールし始めた。同候補がもし当選すれば、アメリカ連邦議会にホンダ議員以上の親中反日の政治家が登場することになる。抗日連合会の策謀の猛威である。

とはいえ、ホンダ議員も民主党ベテランとしてオバマ大統領やナンシー・ペロシ下院同党院内総務の公式支持を得ている。だが、カナ候補も第一期オバマ選対の幹部だったスティーブ・スピナー氏を選挙本部長に、同じくジェレミー・バード氏を選挙顧問に招き入れることに成功した。オバマ再選組織が使った大手PR企業とも契約を結んだ。まさにオバマ選挙陣営のカリフォルニア版なのだ。

この4月末の時点では、ホンダ議員は支持率でこそ優位に立つが、集めた選挙資金はカナ候補の370万ドルに対し190万ドルに過ぎない。

両候補はまず6月の予備選で激突する。予備選での首位と2位は'14年11月の本選挙に出るから、両候補はまた戦うことになりそうだ。

選挙結果こそ予断はできないが、この政治劇はアメリカでの中国ロビー組織の恐るべき活動ぶりを示す実例である。
なおこの本選挙ではホンダ議員がなんとか再当選を果たし、「抗日連合会」との関係も修復したようにみえることを付記しておこう。

（2014年6月）

第7章

外務省の無策外交を叱る！

外務省「ジャパン・ハウス」計画は愚策だ
慰安婦問題から領土問題まで日本叩きをこれ以上野放しにするな

歴史や領土で日本叩きが加速

アメリカの首都ワシントンにいると、わが日本国は自国の名誉をこれほどひどく傷つけられても、一体なぜ反論しないのか、と深刻に考えさせられる。日本という国家として、国民全体として、不当な誹謗になぜ反撃しないのか。さらに国際的に率先して主張しなければならない事案でも、なぜ黙ったままなのか。なぜ当然するべき対外発信をしないのか。

こうした思いは最近、危機感として私の胸を圧してくるようになった。

とくに終戦から70年の2015年、中国や韓国、そしてアメリカの一部までが戦争の歴史に関連して日本への批判を強めてきた。慰安婦問題のような歴史案件に限らず、尖閣諸島や竹島という領土問題でまで日本叩きの動きが勢いを増してきた。日本側は無策のままでいれば、反日勢力はさらに攻めこんでくる。

この種の国際的なせめぎあいではなんといっても主戦場といえるのがアメリカである。日本からアメリカへ向けての発信は、ますます重要となってきたのだ。

その対外発信の任務をまず先頭に立って果たすべきは外務省である。外務省はいま「戦略的対外発信の強化」というスローガンの下に今年度だけでも700億円の予算を得て、その任務に取り組むかにみえる。だが結論を先に述べるならば、実態は日本食やアニメの宣伝優先のようなのだ。肝心の日本への歴史や領土に関する非難や誹謗に反撃する発信はまだなく、目前で燃える炎を消さずに、新しい消防署を建てようとするに等しい消極姿勢なのである。

アメリカでの日本への糾弾と日本側の反応の欠落の具体例をまず報告しよう。

'15年3月12日、ワシントン中心部にあるジョンズホプキンス大学高等国際関係大学院（SAIS）の小講堂で日本非難の合唱がわき起こった。

「日本政府は慰安婦問題で過去の事実を書き換えている！」

「いまの日本は'30年代の軍部支配の時代と同様だ！」

SAISの米韓研究所と米側民間のアジア関連活動組織「アジア政策ポイント」の共催という名目で開かれた討論会だった。実際には慰安婦問題での長年の日本叩きで知られるアメリカ人活動家ミンディ・カトラー氏を代表とする「アジア政策ポイント」が主体だった。タイトルは「紛争での性的暴力の理解＝慰安婦の遺産への地域的な見解」と題されていたが、内容は慰安婦問題での根拠のない一方的な日本非難に終始した。

登壇したのは韓国系組織の「慰安婦問題ワシントン連合」の幹部を長年務めた韓国系米人学者のボニー・オー氏、台湾の慰安婦問題で日本政府に訴訟を起こす母体となった「台北市婦女救援基金会」事務長の康淑華氏、そして日本の慰安婦宣伝活動で知られる「女たちの戦争と平和資料館」事務局長の渡辺美奈氏だった。渡辺氏はあの「日本軍性奴隷制を裁く女性国際戦犯法廷」での昭和天皇有罪判決でも重要な役割を演じた。政治的には共産党や社民党との共闘が多い左翼の活動家ともいえる。

日本からの「反撃」は殆どなし

当然ながらこの3女性の発言は「慰安婦は日本軍が組織的に強制連行した性的奴隷」とか「安倍政権は軍国主義復活の一環として慰安婦問題を悪用している」という日本政府、そしてそれを支持する日本国民多数派の一方的な糾弾から罵りに終始した。だが、日本側の反論や事実関係の提示はゼロだった。

歴史問題がらみのこの種の日本叩きはワシントンでは急増している。とくに韓国パワーが米側の大手研究機関での大規模なセミナーを使って、日本を非難することが多くなった。

たとえば'14年8月中旬、ワシントンでも最大級のシンクタンクの「戦略国際問題研究所（CSIS）」と「ヘリテージ財団」で相次いで、日本の歴史認識、とくに慰安婦問題への対応がテーマの一環となる大規模なシンポジウムが開かれた。

この両方の集まりとも米韓両国の共催で、韓国の元国会議員で国際政治学者の朴振氏や駐米大使の安豪栄氏が基調演説者となった。演説の核心は慰安婦問題などの歴史案件で日本が過去を反省していないという糾弾だった。この時点では朝日新聞が慰安婦報道を大きく訂正し、軍による強制連行はなかったと認めたにもかかわらず、韓国、アメリカ両国の代表たちはみな「日本軍の組織的な強制連行による性的奴隷」という虚構の断定を繰り返すのだった。

このように日本糾弾の米韓合同の大合唱となったのに、その主題である肝心の日本の声は聞かれなかった。会場からは「日本大使はなぜ、いないのか」という疑問の声が出るほど日本不在が目立った。

慰安婦問題では日本軍の強制連行がなかったことがすでに立証されたのに、日本政府からはその事実が対外発信として表明されることが皆無なのである。

日本人拉致事件でも反論せず

アメリカは本来、慰安婦問題などの日本の歴史案件に関しては中立の第三国のはずである。だが、その首都で一方的で根拠のない日本糾弾がまったくのチェックなしに堂々と繰り広げられ続けているのだ。

以上、三つの討論の集いで展開された根拠のない日本糾弾への対応の日本側の責任官庁といえば、まず外務省であり、その現地の出先のワシントンの日本大使館だろう。だが同大使館は文字どおりの目前で続く日本叩きには一切、反論せず、発言もしない。日本人大使館員が会場に出て、質疑応答で日本側の真実を述べることなど皆無なのである。

重要案件での「対外発信」ゼロの状況は、日本人拉致事件についても同様だった。

'15年2月17日、前述のCSISで北朝鮮の人権弾圧についての大規模なシンポジウムが開かれた。アメリカと韓国に国連も連携し、北朝鮮による日本人拉致も討論の主要課題の一つとなった。

この会議には日本人拉致を含む北朝鮮の人権弾圧を調査した国連北朝鮮人権調査委員会

（ＣＯＩ）のマイケル・カービー委員長、同次席のマルズキ・ダルスマン特別報告者、さらに委員のソンジャ・ビセルコ特別報告者の３人も加わった。３人は日本人拉致について具体的な被害者数人の名前をあげて、きわめて詳しく報告したのだった。

しかし、公式の討論者30人にものぼる長時間のこの会議に日本側の参加はゼロだった。日本にとって重大な意味を持つ日本人拉致事件が熱をこめて多角的に論じられるのに、当事者の日本は主張はおろか存在すら皆無だったのだ。これまたワシントンの日本大使館、あるいは外務省の責任だといえよう。このあたりはすでに報告したとおりである。

では日本の外務省がアメリカで日頃どのような発信をしているかといえば、まずワシントンの日本大使館広報文化センターでは映画、音楽、写真展などばかりである。ロサンゼルスでも外務省系の広報文化センターでは「かわいい文字入りお弁当」の展示や映画、華道などが主体で、歴史、領土、政治などの発信活動はゼロだといえる。ワシントンの韓国政府機関が、毎週のように政治や歴史を主題とする発信活動の集いを開いているのとは対照的なのだ。

こうした背景の中で外務省の「戦略的対外発信」の今年度予算が約700億円と決まった。前年から500億円もの増加となる。予算確定後の外務省の公式説明では対外発信の主眼は

「ジャパン・ハウス」と仮称される施設の開設におかれている。同施設はロサンゼルス、ロンドン、サンパウロの3都市にまず開かれるという。

そのジャパン・ハウス計画について私は外務省の担当官らから2回にわたり詳しい説明を受けた。資料も提供された。それらに予算確定後の説明を含めて観察すると、ジャパン・ハウスの最大特徴はどうしても日本のソフト文化の展示場としか思えないのだ。

外務官僚よ祖国の汚辱を雪げ

外務省の説明では確かにジャパン・ハウスは「領土保全、歴史認識などの重要課題についての対外発信の拠点」ともされている。だが同時に「運営の民間への委託」「和食、漫画、アニメなど日本文化の発信」「伝統工芸や最先端技術の周知」「クールジャパン戦略との連携」などの特徴も記されている。

クールジャパンというのは経済産業省主体の民間企業を巻き込んでのゲーム、漫画、アニメ、日本料理、茶道、華道、日本舞踊などの海外紹介なのだ。その事業との連携という一点だけでもジャパン・ハウスの基本的な性格が明らかになる。

戦略的対外発信としてはその他に「親日派・知日派の育成」という方針も記されていた。

その内容は、各国での日本語の教育や日本研究への支援を増強することだという。

外務省の発表計画では「領土や歴史などの重要課題での対外発信」というのは見出しの表現だけで、その具体的な実行措置はどこにもみつからないのである。文字どおり看板倒れ、あるいは看板に偽りあり、なのだ。この実態はワシントンの日本大使館の「歴史や領土では発信せず」という年来の姿勢からみると、自然の帰結にも思えてくる。

なにも和食やアニメの対外宣伝をしてはならないわけではない。だがこの種の日本の文化は政府が出なくても、商業ベースでも、十二分に広がっていく。市場経済に任せればよいのだ。

いまの日本は、まず慰安婦問題で「日本軍の女性強制連行」という世紀のぬれ衣を着せられたままである。このままでは後世の日本国民に汚辱を残すことになる。尖閣諸島や竹島という領土も奪われつつある。そのうえに終戦70周年の今年はとくに中国のプロパガンダで南京事件などの戦争行動にからむ誇大な罪状を押しつけられている。いまの日本が戦後の国際体制を覆そうとする危険な存在に描かれる。日本の戦後70年の平和への貢献や民主主義、人道主義の構築の価値を無視されつつある。

日本の真実をアメリカで発信しろ

いまや国際舞台では日本叩き、日本の悪魔化の動きは勢いを増し、火の手をあげているのだ。国連での中国外相の発言一つをみても、その現実は疑いがない。

日本はいま現在、国難に直面したとさえいえるのである。その危機から脱却するには日本の真実を積極的に国際舞台で表明しなければならない。日本の戦後の輝かしい実績を各国に周知させねばならない。日本の官民が一致して、正確な事実を外部世界に発信しなければならないのだ。

そんなときにわが外務省は和食とアニメの宣伝をすればよい、としているのである。戦後一貫して歴史問題などではどんな虚構をぶつけられても黙して反論せず、という態度をとってきた惰性だともいえよう。

アメリカに対して、あるいはアメリカでの具体的な発信手段としては、日本政府の慰安婦などの歴史問題や戦争行動、尖閣、竹島などの領土問題への公式見解を改めて文書にまとめて発表することも考えられる。その種の案件についてのシンポジウムをアメリカ国内で開き、日本の主張を明確にする。アメリカ側の連邦議員や学界、大手メディアへの直接のアピールも効果があろう。場合によってはアメリカのＰＲ企業やロビイストの利用も考えられる。

要するに、積極的に打って出る対外発信、対米発信がいまこそ求められているのである。

（2015年4月）

朝日新聞は対ＯＤＡの現実を直視せよ

ＯＤＡは日本の国益を求めてはいけないと主張するが

朝日にみるＯＤＡ新政策批判

日本の政府開発援助（ＯＤＡ）が他国の軍への供与をも可能とするようになった。このＯＤＡの新政策に朝日新聞が難色を示した。だが朝日新聞の主張は日本の国益という概念を軽視し、軍と名のつく存在は自国の安全保障に寄与しても忌避し、過去の日本のＯＤＡが中国によってさんざんに軍事転用されてきた現実をもみていない。

日本政府は既存のＯＤＡ大綱にかわる新たな「開発協力大綱」を決定することとなった。この「ＯＤＡ新大綱」はこれまで禁じてきた他国の軍隊への支援を緩和して、災害救助など非軍事分野に限って認めるとともに、日本の平和と安全に関連しての日本の「国益の確保に貢献」することをも初めて明記した。

日本政府はこの軍向け支援の解除により、中国の軍事的脅威に悩むベトナム、フィリピン、あるいはミャンマーなどの軍への巡視艇供与や軍人の日本留学受け入れを計画しているという。「日本の国益に貢献」に関しては、新大綱の下では日本の集団的自衛権の行使容認でさらに重要となる海上輸送路にかかわるインドネシア、シンガポールなどへの安全保障がらみ援助強化も伝えられる。

安倍政権が推進するこうしたODA新政策に対して朝日新聞は'15年1月9日付朝刊でまず「他国軍支援解禁」を批判する記事を掲載した。「ODA軍事転用の恐れ」という見出しの記事での批判は日本の援助がたとえどのような国でも軍に提供されたり、軍事に転用されることは好ましくないという趣旨だった。「想定されるのは日本が送った船が紛争に使われたり、支援によって整備した空港や道路を軍が利用したりするケース」はよくないと断じていた。

その断定には日本に対しての重大な軍事脅威を投射する中国の軍事態勢への東南アジア諸国側の抑止や防衛も、単に「軍」だからよくないという発想が露骨となっている。中国軍への抑止が日本の安全保障に寄与するという基本を否定するわけだ。要するに日本にとっての敵性国家も同志国家も区別しないのである。

朝日新聞は同じ記事で日本が自国のODAを自国の国益に寄与させることにも批判をぶ

つけていた。「日本の利益だけを追求して、本来の目的であるはずの貧しい国の経済成長がなおざりにされる」から、けしからんという批判だった。日本の公的資金の使用に日本自身の利益を求めてはならず、貧しい他国の経済成長を優先せよ、という主張なのだ。さらには「国益を露骨に出した援助に援助の先輩国の日本が寄ってしまっている」からよくない、とも述べていた。意味の不明な主張だが、要するに日本のＯＤＡは日本の国益を求めてはいけないという極論だといえよう。

軍事用にさんざん使われてきた

ところが朝日新聞のこうした主張は日本が中国に対して巨額に供与したＯＤＡがすでに中国側によってさんざんに軍事利用されてきた事実は無視している。従来のＯＤＡ大綱が軍事的用途を言葉上、禁じていても、現実には相手国の事情でいくらでも軍事目的に利用されるのだ。しかも中国の場合、肝心の日本に対しての軍事脅威の増大にもつながってきたのである。

私は産経新聞中国総局長としての2年余の中国滞在中に日本の対中ＯＤＡについても、かなり詳しい取材をして報道した。その際のＯＤＡの中国側の軍事転用の実例としては以下のケースがあった。時代としてはいずれも1990年代から2000年代にかけての事例である。

・日本は台湾海峡に面する福建省の鉄道建設に67億円のODAを供与した。この福建省には中国人民解放軍の部隊やミサイルが集中的に配備され、その移動には常時、鉄道が使われてきた。台湾の当時の李登輝総統が「日本の対中ODAも結構だが、福建省内の鉄道建設だけはやめてほしい。台湾への軍事攻撃能力の向上に直結するからだ」と懸念を述べていた。

・'01年までに中国全土の電化鉄道の40パーセントは日本のODAで建設されたが、有時には中国の広大な国土では人民解放軍の兵員や兵器の緊急の移動には鉄道が致命的な重要性を持つことは解放軍総後勤部（補給や輸送を担当）が公式に強調してきた。

・日本は'01年までに中国の高速道路建設にODA総計2千500億円を提供し、延べ2千キロメートル、12本を開通させたが、解放軍当局者は南京・上海間の高速道路などについて公式論文で①軍事基地や軍事空港との連結②砲弾やミサイルの被弾への強度③軍事管理への即時切り替え④軍用機の滑走路や軍用ヘリ発着場への即時転用——という用途を強調していた。

・'00年までに日本のODAで蘭州からチベットのラサまでの延長3千キロメートルの光ファイ

バーケーブルが建設された。このケーブルは人民解放軍の通信用に使われ、その敷設の工事にも解放軍部隊が動員された。日本側には公式にはこのケーブル網の軍事目的使用は通知されていなかった。

・日本は'00年までに内陸部の貴州省に合計約700億円のODAを供与し、鉄道、道路、電話網など経済インフラの建設に寄与した。貴州省は中国全土でも最も集中的な軍事産業の拠点の一つであり、戦闘機製造工場や軍用電子機器工場群が機能するほか、中国最大のアルミニウム工場や製鉄所群が軍事に大きく貢献してきた。日本のODAはこの軍事産業の強化につながった。

軍事部分だけ禁じるのは無理

以上は日本から中国への巨額なODAの使途としては氷山の一角だといえる。いかに日本側が一方的にODAの軍事転用の禁止を説いてみても、経済援助の幅広い効用や使途のなかで軍事部分だけを聖域にして、すべて禁じることは無理なのである。そもそも相手国の対日政策がどんな内容なのか、相手国の国力や軍事力の強化が日本にとって、どんな利害をもたらすか、また個別のODA供与が相手国側で具体的にどう使われるのか。こうした諸点をまさに日本の国益を指針として検証したうえでのＯＤＡ実施であるべきなのだ。
であるのに、朝日新聞は日本のＯＤＡについて、いかなる名目でも「軍事」へのかかわりを悪とみなし、そのうえで日本の国益の追求をも否定するようなのである。そうした主張の論者たちには軍事転用を禁止してきた日本の過去のＯＤＡがいかに中国の軍事力増強に役立ったかの上記の実例を改めて突きつけたいところだ。

（２０１５年1月14日）

「日本糾弾」の欠席裁判がアメリカで急増中

ワシントンの日本大使館の当事者は姿を見せず

韓国系や台湾系による日本断罪

「日本政府は慰安婦問題で不当に過去の事実を書き換えている」

「いまの日本は1930年代の軍部支配の時代と同様だ」

「安倍首相は軍備強化のために慰安婦問題の事実を否定している」

こんな日本糾弾の主張がアメリカの首都ワシントンでの公開討論会であいついで表明された。日本側の実態が反論として述べられることはまったくなく、韓国系や台湾そして日本の左翼活動家による一方的な日本断罪に終わった。慰安婦問題に関して日本の主張や事実関係を無視してのアメリカでのこの種の欠席裁判は増えるばかりだが、日本の対外発信はどうなっているのか。

今回の催しはアメリカのジョンズホプキンス大学高等国際関係大学院（SAIS）の米韓研究所と、民間のアジア関連活動組織「アジア政策ポイント」の共催という名目で

2015年3月12日に開かれた。だが現実には慰安婦問題での日本糾弾の政治的活動を長年、続けているアメリカ人活動家のミンディ・カトラー氏が代表を務める「アジア政策ポイント」が主体となった。場所はSAISの小講堂の一つ、80人ほどの定員の部屋に約30人が集まった。討論会のタイトルは「紛争での性的暴力の理解＝慰安婦の遺産への地域的な見解」と題されていたが、内容は慰安婦問題での根拠のない一方的な日本非難に終始した。

冒頭では会議主催側を代表してカトラー氏が語り、慰安婦を「性的奴隷」と呼び、その問題が米韓日の三国関係にどう影響しているかを各地域の代表から聞きたい、などと述べた。

カトラー氏は慰安婦が日本軍の組織的な強制連行による性的奴隷だという主張に基づいてこの問題を長年、追及し、米下院本会議での日本糾弾決議の推進でも、中国系の「世界抗日史実維護連合会」とも密接なきずなを保って活動してきた。

司会役は韓国系組織の「慰安婦問題ワシントン連合」の幹部を長年、務めた韓国系米人学者のボニー・オー氏だった。ジョージタウン大学教授なども歴任したオー氏は慰安婦問題の著書もあり、日本軍が組織的に朝鮮半島の女性を強制連行し、天皇の了解さえ得ていたという趣旨の発表をしている。

オー氏はこの会議でも冒頭で朝日新聞の植村隆記者の慰安婦問題での誤報を批判する動きは言論の不当な弾圧に等しいと述べた。さらに「現在の日本は1930年代に軍部が支配して侵略戦争を始めた状況と似ている」とか「安倍首相は歴史の修正を止めて、来月の訪米でも慰安婦を含めての日本の侵略の犠牲者への謝罪を表明すべきだ」などと、司会の役割をはるかに超えて、激しい日本非難、安倍政権糾弾を展開した。

日本の左翼活動家も参加して

2人のパネリストのうち1人目は台湾の女性人権問題や慰安婦問題での活動家の康淑華氏。「台北市婦女救援基金会」という組織の事務長役の康氏も慰安婦について「日本軍が最高司令部の命令で20万人の女性を強制連行した結果の性的奴隷」と決めつけ、日本非難に終始した。

康氏はとくに台湾人の元慰安婦だったという女性9人が1999年に日本政府に対して起こした損害賠償と公式謝罪を求める訴訟を改めて取りあげ、スライドなどを使って、その女性たちの悲劇を訴えた。この訴訟は日本の最高裁判所が2005年に却下して、終わっているのだが、康氏はいかにも未解決の案件のように提起して、日本政府に賠償や謝罪を求め、さらに日本の学校教育で慰安婦の強制連行を教えることの義務づけをも要求した。

2人目のパネリストは日本の慰安婦問題での活発な活動で知られる「女たちの戦争と平和資料館」事務局長の渡辺美奈氏だった。渡辺氏は慰安婦問題で日本側の対応を長年、糾弾し、2000年12月に中韓の反日勢力などが東京で開催した「日本軍性奴隷制を裁く女性国際戦犯法廷」でも日本側の重要な役割を演じた。政治的には共産党や社民党との言動を共にすることが多く、左翼の政治活動家ともいえる。

司会役のオー氏からこの女性国際戦犯で協力しあった同志という紹介を受けて登壇した渡辺氏は「安倍首相は強制連行の否定で過去の日本の歴史全体を否定している」「安倍政権が軍の強制連行を否定することは女性の人権の蹂躙だ」などと「安倍叩き」を繰り返した。

渡辺氏はその後の質疑応答も含めて、「慰安婦たちは日本の天皇の謝罪も求めている」「女性国際戦犯法廷は昭和天皇の有罪を決めた」「安倍首相は日本の本格的な再軍備のために旧日本軍の名誉を回復しようとして慰安婦強制連行を否定するのだ」「日本のニュースメディアはいま政権に沈黙させられ、とくにＮＨＫは支配されている」「安倍首相は訪米してもアメリカ議会で演説する資格はない」などとも発言した。

こうした討論会を総括するように司会のオー氏は「そもそも日本人は伝統的にドイツ人と異なり『罪の文化』ではなく『恥の文化』だから過去の罪を悔いることをしないのではないか」とまで日本を断罪した。

外務省は対策を早急に考えよ

この討論会は主催者側の一方的なプロパガンダ性が強いことは最初から明白だが、アメリカの首都でかりにも国際的行事として、しかも主要な教育学術機関として知られたジョンズホプキンス大学院の一角で開かれた。参加者数こそ少なかったが、開催は事前に広く宣伝された。そのうえかりにも学術的な要素を宣伝するなら、客観性や公平性がある程度は考慮されるべきなのに、日本叩きの側だけの主張が検証も反論もなく、一方的に表明された。

この会合では糾弾される被告側は日本の政府であり、国民なのだが、その被告側の参加はもちろん反論の機会さえも事前からまったく封じられていた。この種の会合が韓国、中国あるいは北朝鮮で開かれるなら理解もできるが、舞台はアメリカの首都ワシントンである。アメリカは慰安婦問題に関しては本来、第三国であり、中立の立場にある。そのうえにアメリカは日本の貴重な同盟国であり、唯一の超大国でもある。そんなアメリカの首都で一方的な日本糾弾だけが堂々と繰り広げられるのだ。

日本側としてなんらかの対応が必要である。少なくとも討論会の質疑応答で日本側の正当な主張をぶつけるチャンスはあったわけだが、日本政府をアメリカで代表するワシントンの日本大使館の当事者らはまったく姿をみせず、声もあげなかった。

韓国側やアメリカの反日派の主体のこうした会合はこのところワシントンではきわめて頻繁に催されるようになった。日本側は官でも民でも、この種の日本を邪悪な存在に描く「悪魔化」の主張への反論や論破の努力を欠かしてはならないだろう。日本政府がいま外務省主体で始めるという対外発信というのは、その主目的はまさにこのへんにあるといえよう。

（2015年3月18日）

米韓連合はそれでも日本叩きをやめない

朝日新聞の大誤報問題は海外では無視されている

「ヘリテージ財団」の討論会で

アメリカの首都ワシントンの大手研究所2か所で2014年8月、日本の慰安婦問題をはじめとする歴史認識を主題とする大規模なシンポジウムがそれぞれ開かれた。慰安婦問題では朝日新聞がすでに「強制連行」説を誤報と認め、取り消した後だった。だが両シンポジウムともに、韓国の駐米大使などの代表が「強制連行」を前提に従来の「日本軍による20万人の性的奴隷」という日本糾弾を繰り返した。アメリカ側の関係者の一部もこれに同調して、期せずして慰安婦問題での日本非難の大合唱となった。日本政府を代表する声はいずれの集まりでも皆無であり、日本の対外発信の欠落を改めて印象づけた。

これまでの報告ですでに触れたように、アメリカの大手シンクタンク「ヘリテージ財団」が'14年8月19日に開いた「歴史が北東アジアの将来の前進を阻む」と題する討論シンポジウムでは日韓の歴史問題をめぐる摩擦が主題となった。全体会議の基調演説者はアメリカ駐在の韓国大使の安豪宋氏だった。安大使はこの演説で日本への批判として以下のような諸点を指摘した。

▽日韓関係がいまよくないのは、日本側の政治指導者が過去の事実を認めないためだ。

▽とくに慰安婦問題では日本の政治指導者たちは過去に起きたことを公正かつ正直な方法で認めてはおらず、過去の事実を否定することで問題を解決しようとしている。

▽日本側が最近、慰安婦問題で河野談話の検証結果を発表したことは不当であり、これまでの日本政府の政策に反し、日韓関係を悪化させる。

安大使はさらに質疑応答では以下のように述べたのだった。

▽(日韓首脳会談は韓国側が前提条件をつけているからこそ、開けないのではないかとの質問に)日韓首脳会談の開催は事前にその結果が成功であり、会談の結果、両国の関係がよくなることが保証されていなければならない。だから事前の準備は前提条件ではなく、常識のことなのだ。

▽(慰安婦問題では外部の日本批判派の最大の情報源となってきた朝日新聞が「軍による強制連行」の報道を誤報と認め、取り消したが、安大使はそれでも日本側の強制を主張するのかとの

質問に）強制は河野談話でも認めている。強制の要素はそのほかにも十分に確立されている。この強制という点はこれまでにも日本側の関係者たちにより何度も疑問が提起されてきたが、その種の否定の態度が日韓関係の改善を阻んでいるのだ。

要するに安大使は朝日新聞の大訂正を認めないのである。そして具体的な証拠を示すこともなく、ただ日本側の強制連行否定を不当な態度として非難するのだ。つまり韓国側は朝日新聞の訂正や取り消しは一切、認めないということになる。

このシンポジウムは基調演説以外に二つのパネルがあり、それぞれに米韓の専門家が3, 4人ずつ登壇していて、意見を述べた。そこではアメリカ側の専門家はみな朝日新聞の訂正を無視して、従来の「20万人の性的奴隷」とか「日本軍による強制連行」という虚論を繰り返すのだった。

韓国側のパネリストの在米韓国人学者、李晟允氏（タフト大学教授）の慰安婦問題での日本叩きはものすごかった。「日本側の歴史認識が日韓関係の真の正常化を阻んでいる」「日本軍の性的奴隷だった慰安婦の強制連行を否定するのは無責任な修正主義だ」「実際には強制連行を否定するのは日本政府だけだろう」と、露骨に事実に反することを述べ続けるのだ。そしてそこでも朝日新聞の虚報取り消しを無視する態度が明白だった。

駐米大使はなぜここにいない?!

これに先立つ8月13日、ワシントンのもう一つの大手研究機関、「戦略国際問題研究所（CSIS）」でも、日本の歴史認識、とくに慰安婦問題への対応などを批判する集いが開かれた。「アメリカ・韓国・日本三国関係――韓国の見解」と題するシンポジウムだった。この集いは基調演説者が韓国の元国会議員で国際政治学者の朴振氏が日本非難のスピーチをして、それに関連する質疑応答で討論を進めるという方式だった。

朴氏の演説には以下の諸点が含まれていた。

▽日本は「普通の国」になりたいのならば、過去の侵略や残虐行為などの間違いを素直に認め、心から謝罪しなければならない。

▽日本政府は河野談話の見直しを図っているが、そうした考え方は事実からみても、法的にみても、間違っている。多数の女性が慰安婦として日本軍に強制連行されたことは河野談話も認めている。

▽慰安婦問題は法的な問題でも、政治的な問題でもない。人道主義や倫理の問題なのだ。だから日本は誠意ある対応を続けねばならない。

この朴氏の演説も慰安婦問題では「日本軍による強制連行」を事実と断じて、そこから一連の日本糾弾を打ち上げるのだった。そこにはもちろん朝日新聞の誤報訂正への認識はツユほども感じさせない。

そしてなによりもワシントンでのこの二つのシンポジウムを通じて痛感したのは、これらの集まりの討論主題が日本の歴史認識であり、日本の慰安婦問題であったのにもかかわらず、その被告役の日本国の立場がまったく考慮されていない点である。より具体的にいえば、これだけ大規模な日本についての討論の場に日本の代表がいなかったという事実である。

ヘリテージ財団のシンポジウムでは質疑応答の冒頭で、アメリカ人の参加者から「日本の駐米大使はなぜここにいないのか」という質問が出た。日本がこれだけ批判や非難の対象となるのならば、日本の立場の説明の機会が与えられて当然だからなのだろう。だが日本政府の代表は壇上にはゼロ、会場での発言や質問でもゼロだった。ましていま日本国内では国民討論の主課題になった観さえある、朝日新聞の慰安婦問題での大誤報はこのアメリカの首都での重要な公開討論会ではまったく話題にならなかったのである。ヘリテージ財団での集いで安豪栄大使に朝日新聞の誤報撤回への反応を問いただしたのは私自身だった。日本側からはだれもこの重要な大誤報を指摘する気配がなかったからの質問だった。

朝日の虚報の撤回を宣伝せよ

このワシントンでの二つの討論の集いをみての総括は、まず日本政府機関、つまり在米日本大使館の発信不足の危険性である。アメリカの首都の公開の場で日本がこれほど叩かれ、しかもその糾弾には根拠がないのに、日本側はだれも、なにも反論しない。こんな状態が続いてよいはずがない。だが現実は韓国側がアメリカの一部勢力と力を合わせて、根拠のない不当な日本叩きを大合唱するのである。

第2には、これもまた対外発信の不備という点とからみあっているのだが、いま日本国内で熱く論じられる慰安婦問題での朝日新聞大誤報が日本の国外では無視されているという現実である。朝日新聞の誤報訂正は8月5日と6日、それにからむ日本の歴史認識が主題となったCSISとヘリテージ財団のシンポジウム開催が8月13日と19日だった。いずれも朝日の訂正が出てから1週間とか2週間ほど後なのである。

だがそこでも朝日新聞の訂正は話題とされなかった。肝心の慰安婦問題を細かに点検している最中の舞台であり、機会だったのに、である。日本が慰安婦問題の虚偽情報によって受けた不当な汚辱を晴らすのならば、この朝日新聞の虚報の撤回はぜひともアメリカのような第三国内部でも認知されねばならないのだ。だが現実はそうではない。となれば、日本はこの慰安婦問題での対外態度を大幅に変えることが急務となろう。

（2014年8月27日）

［著者略歴］古森義久（こもり　よしひさ）
1941年生まれ。在米ジャーナリスト。産経新聞ワシントン駐在客員特派員。1963年慶応義塾大学経済学部卒業後、毎日新聞入社。72年から南ベトナムのサイゴン特派員。75年サイゴン支局長。76年ワシントン特派員。81年米国カーネギー財団国際平和研究所上級研究員。83年毎日新聞東京本社政治部編集委員。87年毎日新聞を退社して産経新聞に入社。ロンドン支局長、ワシントン支局長、中国総局長、ワシントン駐在編集特別委員兼論説委員などを経て、2013年から現職。2010年より国際教養大学客員教授を兼務。2015年より麗澤大学特別教授を兼務。『日中再考』『オバマ大統領と日本沈没』『憲法が日本を滅ぼす』『「無法」中国との闘い方』など著書多数。

古森義久がオバマ・習近平・朴槿恵・金正恩を斬る
反日勢力をのさばらせた朝日新聞と外務省の大罪

2015年8月31日　初版第1刷発行
2015年9月30日　第2刷発行

著　者　古森義久
発行者　伊藤寿男
発行所　株式会社テーミス
東京都千代田区一番町13-15 一番町KGビル 〒102-0082
電話　03-3222-6001　Fax　03-3222-6715
印刷 製本　株式会社 平河工業社

ISBN978-4-901331-27-2